Bin in Rente, ich muss gar nichts!

ISBN 978-3-649-64598-6

© 2023 Coppenrath Verlag GmbH & Co. KG,
Hafenweg 30, 48155 Münster, Germany
Textsammlung: Kreativlektorat Daniela Vogel, Finnentrop
Textsatz & grafische Gestaltung: Thomas Wolters, Internetlitho
Redaktion: Inga Biller

www.coppenrath.de

Bin in Rente, ich muss gar nichts!

Mit Illustrationen
von Kai Würbs

COPPENRATH

Inhalt

Daniela Vogel

Tante Matilda hat endlich Zeit...

Als ich in das Elternhaus meines Mannes einzog, war ich etwas zwiegespalten. Auf der einen Seite freute ich mich: ein großes Haus mit Garten, viel Platz für die zukünftigen 1,53 Kinder und den möglichen Familienhund. Hach, wie idyllisch! Auf der anderen Seite sollten wir dieses Haus nicht allein bewohnen. Die Großtante meines Mannes lebte dort schon seit Urzeiten – na ja, vielleicht nicht ganz, aber doch schon sehr, sehr, sehr lange.

Sie verstehen mich.

Jedenfalls würde sie das auch weiterhin tun. Da sie kurz vor ihrer Rente stand, würde ihr Auszug aus der Einliegerwohnung auch noch etwas auf sich warten lassen.

Ich arrangierte mich also mit der Situation und versuchte dem Ganzen auch positive Seiten abzugewinnen. Gut, Tante Matilda hörte gerne sehr laut ihre Lieblingsunterhaltungssendungen im Fernsehen, aber das war okay. Ihre vor Dreck starrenden Gartenstiefel fanden sich fast permanent auf unserer Terrasse, aber was soll's.

Ich begann dem System „Generationenhaus" ab dem Moment etwas abzugewinnen, als ich schwanger wurde. Mensch, was wäre das praktisch. Den Babysitter direkt im Haus und dank gerade begonnener Rente – also Freizeit!! – auch permanent verfügbar. Herrlich! Da könnte man dann doch mal eben den Friseurtermin wahrnehmen, sich – nur für ein paar Stündchen, versteht sich – mit den besten Freundinnen zum Shoppen verabreden oder einfach mal Pause machen, mit einem guten Buch und der Tasse Kaffee vor dem Kamin. Prima!

Ich hatte mir also zum Zeitpunkt der Geburt schon den perfekten Plan gemacht, wie ich aus dem unweigerlich nun folgenden Babystress (ich war ja schließlich informiert: Geburtsvorbereitungstratsch, Freundinnen-Tipps, oder besser gesagt, -Horrorstorys etc.) immer mal wieder problemlos ausbrechen könnte.

Wie falsch ich doch lag.

Mein erster Versuch, unseren kleinen Sonnenschein bei Tante Matilda zu parken … ich meine … die Großtante kurz aufpassen zu lassen, scheiterte kläglich. Das lag keinesfalls daran, dass sie eine Babyallergie hätte oder schlichtweg unseren Henry nicht mochte. Nein, sie liebte ihren „Fast-Enkel", wie sie ihn nannte, abgöttisch.

Sie hatte schlichtweg keine Zeit.

Gut, kann ja mal vorkommen, dass sich ausgerechnet an dem Tag, an dem ich endlich mal wieder zur Maniküre gehen wollte, das Kaffee-Klübchen zum Kuchenessen eingeladen hatte.

Neuer Versuch: Nachdem Klein-Henry die ganze Nacht durchgeschrien hatte, verordnete ich mir schnurstracks selbst eine Babypause, um wenigstens zwei Stunden Schlaf nachzuholen. Mit lächelndem (!!) Baby im Arm schlich ich in die Einliegerwohnung und fand – niemanden. Ausgeflogen. Abends erfuhr ich dann, dass Tante Matilda ihre erste Work-out-Stunde hatte. Work-out! Hallo? Rentnerin?! Ich blickte nicht mehr durch.

Es folgten weitere Babysitter-Versuche. Immer mit dem gleichen Ergebnis: „O, tut mir leid, Schatz, da kann ich nicht. Da bin ich … bei Helga, beim Aqua-fitness, wandern mit dem Dorf- und Heimatverein, auf Besichtigungstour bei den Stadtwerken, zum Früh-shoppen, beim gemischten Chor, beim Vortrag übers Heilfasten …"

Irgendwann bin ich leider ein bisschen ausgerastet. Sorry, Tante Matilda, falls du das hier jemals liest. Die ersten Zähnchen unseres Kleinen hatten nicht nur ihm, sondern auch mir den Rest gegeben. Ich brauchte ganz schnell etwas Hilfe, Unterstützung, jemanden, der den Schreihals auch mal für ein paar Minuten nehmen könnte. Weil ich noch davor zurückschreckte, den Chef meines Mannes so dermaßen zu beleidigen, dass er fristlos gekündigt würde, um sofort zu Hause zu sein, ging ich mit wenig Hoffnung Richtung Einlieger-wohnung.

Und siehe da, Tante Matilda war da und öffnete die Tür – und zog sich zeitgleich ihre Jacke an mit den Worten: „Ach, Liebes, tut mir leid, ich habe gar keine Zeit. Ich bin mit Heinz zum Poker-Lernen verabredet." Mir platzte die Hutschnur (sagt man das so?). Natür-lich konnte sie absolut gar nichts für meine derzeitige Nervenkrise und ich gönnte ihr ja auch eigentlich von Herzen ihre Freizeit, aber in dem Moment … Es musste raus: „Du bist doch in Rente! Du hast eigentlich jede Menge Zeit! Keine Arbeit, keine Verantwortung, kein Stress – JEDE MENGE ZEIT! Wie kann man denn nur ständig auf Achse sein! Das ist doch nicht normal. Du musst doch auch mal…" Mir ging die Luft aus.

„Ich bin in Rente! Ich muss gar nichts", unterbrach mich da auch schon Tante Matilda mit einem Lächeln. „Aber ich MÖCHTE so viel. Es macht mir einfach Spaß, tun und lassen zu können, was ich will." Ihr Handy piepste leise und sie riskierte einen kurzen Blick aufs Display.

„…und da es mir unendlich viel Freude macht, euren kleinen Sonnenschein im Arm zu halten, werde ich ihn dir jetzt mal für die nächsten Stunden abnehmen. – Heinz hat gerade abgesagt."

Hagen Haas

Nur keine Langeweile!

Endlich Rente! Karl hatte fünfzig Jahre lang gearbeitet – anfangs als Lehrling, dann als Facharbeiter, am Ende trug er die Personalverantwortung für siebzehn Beschäftigte. Außerdem hatte er mit seiner Frau Doris drei Kinder großgezogen und mehr oder weniger in Eigenleistung ein Haus gebaut. Langeweile hatte er nie gekannt. Nun freute er sich darauf, in den wohlverdienten Ruhestand zu gehen.

An seinem letzten Tag im Betrieb wurde er mit Blumen und vielen guten Wünschen für die Zukunft verabschiedet. Sogar der Firmeninhaber höchstpersönlich ließ sich blicken, hielt eine kurze Rede und übergab ihm eine goldene Ehrenplakette und außerdem ein kleines Geschenk. Als Karl das Geschenkpapier entfernte, sah er, dass es sich dabei um ein Buch handelte: „Die 101 schönsten Hobbys für Rentner".

Sein Chef erklärte dazu gönnerhaft: „Wir wollen ja nicht, dass Sie sich langweilen, jetzt, wo Sie so viel Zeit haben!"

Karl blätterte das Buch pflichtschuldig durch: Gärtnern, Puzzeln, Modellbau, ein Instrument lernen,

Dartspielen… Sicher – es gab viele Menschen, die daran Spaß hatten, aber ihn interessierte nichts davon wirklich. Und er hatte auch gar nicht das Gefühl, ein Hobby zu brauchen. Leider war er der Einzige, der das so sah…

An seinem ersten Tag im Ruhestand schlief Karl aus. Er stand nicht wie sonst um sechs Uhr dreißig auf, sondern erst um Viertel nach acht. Danach ließ er sich im Bad viel Zeit und setzte sich dann zu einem ausgiebigen Frühstück an den Küchentisch. Doris hatte schon gefrühstückt und war bereits auf dem Sprung zu ihrem morgendlichen Pilates-Kurs. Sie gab Karl einen flüchtigen Abschiedskuss auf die Wange und sagte: „Genieß deinen ersten Tag in Rente!"
Damit legte sie das Buch, das ihm sein Chef geschenkt hatte (und das er achtlos auf der Flurkommode hatte liegen lassen), vor ihn auf den Tisch: „Und falls dir langweilig wird…"
Karl erklärte mit vollem Mund: „Paffiert nift."
Dann widmete er sich wieder in Ruhe seinem Frühstück und las gemütlich die Zeitung. Als es an der Tür klingelte, nahm er an, das müsse die Post sein, und öffnete arglos. Vor ihm stand sein Nachbar Willi in hautenger Radfahrermontur.

„Hey, Neurentner! Lust auf 'ne Radtour?"

Bevor Karl antworten konnte, zauberte Willi hinter seinem Rücken eine zweite Garnitur Radsportbekleidung hervor.

„Das ist meine alte. Leih ich dir. Und mein altes Bike kannst du auch haben. Wiegt zwar drei Kilo mehr als mein neues – aber für den Anfang…"

Karl war zu höflich, um abzulehnen, obwohl er eigentlich gar keine Lust auf Radfahren hatte. Aber er dachte sich: Vielleicht kommt der Spaß ja beim Machen…

Er kam nicht. Karl strampelte stundenlang schwitzend und übellaunig hinter seinem Nachbarn her. Die Sonne brannte unbarmherzig auf ihn herab und von der Umgebung sah man nichts, weil man über den Rennlenker gebeugt eigentlich nur die Straße vor sich gut im Blick hatte, ohne sich den Nacken zu verrenken. Mit einem Wort: Es war furchtbar! Als Karl am Ende seiner Kräfte endlich wieder zu Hause ankam, grinste Willi gut gelaunt: „War super, oder? Am Wochenende wollen wir mit fünf Mann eine Achtzig-Kilometer-Tour machen, bis zum Blaubergsee. Bist du dabei?"

Karl war klar, dass hier und jetzt Höflichkeit nicht weiterhalf, sondern nur radikale Ehrlichkeit. Also erklärte er geradeheraus: „Ich glaub, Radfahren ist irgendwie nicht das Richtige für mich."

Willi nahm diese Absage mit Fassung. „Okay, klar. Du musst ja selbst wissen, worauf du Lust hast. Aber irgendetwas solltest du machen. Du hast ja jetzt so viel Zeit. Da wird einem schnell langweilig, so ganz ohne Hobby."

Karl nickte und schleppte sich erschlagen ins Haus.

Am nächsten Morgen hatte er einen schrecklichen Muskelkater. Aber dennoch war seine gute Laune zurückgekehrt. Nun gut, dann würde er eben am zweiten Tag seiner Rente mal so richtig die Seele baumeln lassen. Als er zum Frühstück in die Küche kam, war Doris schon auf dem Sprung zu ihrem Aquarellmalkurs. Das Hobbybuch lag noch immer auf dem Tisch.

„Und? Hast du mal reingeschaut?", erkundigte sich Doris, während sie ihre Jacke anzog.

„Ja", log Karl.

Doris hakte zum Glück nicht weiter nach, denn sie war in Eile. Nach dem Frühstück war Karl gerade im Regionalteil der Zeitung angekommen, als es an der Tür klingelte. Mit leicht ungutem Gefühl erhob er sich, um öffnen zu gehen. Leider war seine Besorgnis keineswegs unberechtigt. Anton und Ulrike standen im Vorgarten und lächelten ihn breit an.

„Na, du Neurentner! Langweilst du dich schon, jetzt wo du nicht mehr arbeitest?", wollte Anton grinsend wissen.

„Nein!", beeilte sich Karl zu versichern, doch das schienen die beiden nicht einmal gehört zu haben, denn Ulrike fragte: „Nordic Walking oder Museum? Worauf hast du Lust?"

Karl hätte sagen sollen: „Auf keins von beidem!" Doch dazu war er zu überrumpelt, und so brachte er nur hervor: „Ich hab noch Muskelkater von gestern."

„Damit wäre das geklärt. Dann also Museum!", stellte Ulrike gut gelaunt fest.

Karl dachte sich, dass Museum ja nicht so schlimm sein konnte wie Rennradfahren. Dort war es kühl und ruhig und es gab auch bestimmt Spannenderes zu sehen als Asphalt. Also stimmte er zu und verbrachte den Rest des Tages mit Anton und Ulrike im Museum. Anfangs war es auch noch ganz interessant, aber irgendwann hatte Karl genug – im Gegensatz zu seinen Freunden, die unbedingt auch noch die Sonderausstellung sehen wollten und gefühlte Stunden von jedem einzelnen Exponat standen. Als er von den beiden endlich wieder zu Hause abgesetzt wurde, wusste Karl, dass er so etwas nicht regelmäßig machen wollte. Und nachdem er mit Ehrlichkeit gestern schon ganz gut gefahren war, erklärte er auf die Nachfrage, wie es ihm denn gefallen habe: „Ich glaub, Museum ist irgendwie nicht das Richtige für mich."

Seine Freunde reagierten durchaus verständnisvoll, ließen sich aber nicht nehmen, darauf hinzuweisen, dass er sich dann irgendein anderes Hobby suchen müsse, bevor er sich noch langweile.

In den nächsten Tagen wurde es nicht besser. Am Wochenende kam seine Tochter mit ihrer Familie zu Besuch und sein Schwiegersohn wollte ihm einen teuren Gasgrill aufschwatzen. Denn Grillen sei doch ein tolles Hobby, da gebe es inzwischen sogar Kurse, bei denen man lernen könne, richtig professionell zu smoken, zu branden, zu injizieren und kaltzuräuchern.

Als es Karl endlich gelungen war, seinen Schwiegersohn davon zu überzeugen, dass Grillen nicht das Richtige für ihn sei, schleppte Doris das blöde Hobbybuch an, und man versuchte mit vereinten Kräften, Karl zum Schachspielen zu animieren oder zum Lachyoga oder zum Fotografieren oder Töpfern. Als er sich standhaft weigerte, irgendetwas davon auszuprobieren, erklärte Doris schließlich verzweifelt: „Aber jeder braucht doch ein Hobby, wenn er in Rente geht!"

„Ich nicht!", gab Karl störrisch zurück. Langsam hatte er nämlich wirklich genug davon, ständig Freizeitaktivitäten aufgedrängt zu bekommen, auf die er gar keine Lust hatte.

Er war sich nicht sicher, ob Doris danach wirklich aufgab. Sie sagte zwar nichts mehr zu dem Thema, aber der Reihe nach wurden alle Freunde und Bekannten vorstellig. Mal wollte man Karl zum Drachenfliegen animieren, mal zum Tauchen mit Haien im Roten Meer, mal wurden säckeweise Klemmbausteine angeschleppt, um daraus den Eiffelturm nachzubauen, mal Boulekugeln, um im Garten „ganz spontan" eine Partie Boccia zu spielen.

Eines Morgens saß Karl wieder mal beim Frühstück. Doris saß dabei, denn sie hatte heute ausnahmsweise einmal keinen Kurs. Karl blätterte gerade durch den Sportteil, als es klingelte. Doris sagte: „Oh, wer kann das sein? Ich geh mal öffnen."
Sie hatte zwar vor einigen Jahren mal bei einer Amateurtheatergruppe mitgemacht, aber trotzdem war sie eine ziemlich schlechte Schauspielerin. Sie wusste ganz genau, wer vor der Tür stand, so viel war klar. Also schlich Karl ihr hinterher, als sie in den Flur ging. Er blieb zur Sicherheit hinter der halb offenen Küchentür in Deckung und lauschte.
„Da seid ihr ja! Habt ihr alles dabei?", hörte er Doris sagen.
Die Stimme ihrer Freundin Heidrun erklang: „Uwe hat

die Badmintonschläger eingepackt und auch seinen alten Sportbogen samt Zielscheibe."

„Außerdem habe ich mir von unseren Nachbarn die Slackline geliehen", fügte Heidruns Mann Uwe hinzu und sie fuhr fort: „Und ich habe verschiedene Gesellschaftsspiele eingepackt, die Karaokemaschine und das Pilzbestimmungsbuch. Ihr habt doch hier einen Wald direkt hinter dem Haus und die Jahreszeit ist genau richtig zum Pilzesammeln."

Doris erwiderte zufrieden: „Sehr gut! Heute schaffen wir es! Irgendetwas davon muss Karl doch Spaß machen!"

„Er braucht aber auch wirklich ein Hobby!", sagte Heidrun und Uwe stimmte zu: „Sonst langweilt man sich doch zu Tode, wenn man den ganzen Tag nichts zu tun hat."

Karl war klar, dass er schnell handeln musste! Er hastete durch die Küche, öffnete die Terrassentür und entkam nach draußen. Aber was jetzt? Am anderen Ende des Gartens stand ein alter Schuppen. Dahinter war ein Loch im Zaun, das Karl schon seit Längerem hätte reparieren müssen. Eigentlich hatte er vorgehabt, das zu erledigen, wenn er in Rente war. Aber durch den ganzen Freizeitstress, den er seitdem gehabt hatte, war er noch nicht dazu gekommen. Nun verdrückte er sich unauffällig durch genau dieses Loch. Dahinter lag eine kleine Brache, die von einem – leider begradigten – Bach durchzogen wurde und jenseits davon in einen lichten Wald überging. Karl schöpfte nach seiner überhasteten Flucht gerade Atem, als in seiner Hosentasche sein Handy klingelte. Er holte es heraus und stellte fest, dass Gudrun ihn anrief. Weil er sich nicht traute dranzugehen, wartete er, bis es aufhörte zu klingeln, und stellte es dann sicherheitshalber auf lautlos.

Kurz darauf hörte er seine Frau zusammen mit ihrem Besuch in den Garten kommen.

„Wo ist er denn?", wunderte sich Doris und Uwe sagte: „Ich hänge schon mal das Badmintonnetz auf!"

Karl setzte sich auf einen Baumstumpf direkt hinter dem Zaun und wartete. Vielleicht würden die ungebetenen Gäste ja wieder verschwinden, wenn er einfach nicht auftauchte ...

Doch stattdessen begannen sie nun, schon mal ohne ihn Badminton zu spielen. Außerdem bekam er eine Kurznachricht von seiner Frau: „Wo bist du?"

Karl war klar, dass er sich irgendeine Erklärung aus den Fingern saugen musste. Also schrieb er zurück: „Unser lieber Schwiegersohn hat angerufen. Er will sich unseren Heckenschneider ausleihen. Ich bringe ihn schnell vorbei. Dauert nicht lange."

Prompt kam zurück: „Wie bist du denn aus dem Haus gekommen?"

„Hintenrum durch die Garage", schrieb Karl. Er hoffte, dass Doris diese Ausrede kaufen würde, und tatsächlich kam kurz darauf die knappe Nachricht: „Beeil dich!"

Karl steckte sein Handy weg, lehnte sich am Zaun an und genoss es, nicht Badminton spielen zu müssen. Aus dem Garten hörte er gedämpft die Stimmen seiner Frau und ihres Besuchs. Irgendwann hatten sie keine Lust mehr auf Badminton und bauten stattdessen die Slackline auf. Doch ihre Versuche, darauf zu balancieren, waren wohl nicht sehr erfolgreich, denn wenig später verlegte man sich darauf, die Gesellschaftsspiele durchzuprobieren. Gerd saß auf seinem Baumstumpf und genoss den Sonnenschein. Er schaute hinauf zu den Lämmerwolken, die träge über den Himmel zogen und dabei immer neue Formen und Figuren bildeten. Dann fiel ihm auf, dass in der Nähe ein Vogel zwitscherte – und als er sich darauf konzentrierte, nahm er auch das leise Murmeln des Baches wahr, das Rauschen der entfernten Autobahn, Kinderlachen aus einem der Nachbargärten …

Irgendwann bekam er eine Nachricht von Doris: „Wo bleibst du?"

Er schrieb zurück: „Steh im Stau. Kann noch dauern. Außerdem ist der Handyempfang hier sehr schlecht." Dann schaltete er sein Handy aus.

Ein etwas schlechtes Gewissen hatte er schon, weil er Doris so schamlos anlog. Aber es war gerade einfach zu schön hier und er hatte wirklich keine Lust, Karaoke zu singen oder Bogen zu schießen.

So verging die Zeit und Karl saß einfach nur auf seinem Baumstumpf und tat nichts. Irgendwann bekam er Hunger. Glücklicherweise stand nicht weit entfernt ein alter Apfelbaum in der Brache, vollbehangen mit reifen Äpfeln. Karl stand auf, holte sich ein paar davon und aß sie genüsslich. Sie schmeckten süß und herrlich saftig. Dann saß er wieder da, genoss die Natur um sich herum und träumte vor sich hin.

Irgendwann, es musste schon früher Nachmittag sein, hörte er, wie Doris ihre Gäste verabschiedete. Er wartete noch einige Minuten, bevor er sich durch das Loch im Zaun zurück in den Garten schlich. Doch als er hinter dem Schuppen hervorkam, stand plötzlich Doris vor ihm.

„Hier bist du also!"

Bevor Karl etwas erwidern konnte, fügte sie hinzu: „Ich habe mit unserem Schwiegersohn telefoniert. Du warst gar nicht da."

Karl war klar, dass jeder weitere Versuch einer Ausrede zwecklos war, also gab er zu: „Ich hab mich hinter dem Schuppen versteckt."

Doris zog eine Augenbraue hoch. Karl war sich nicht sicher, ob sie nun sauer werden würde. Aber stattdessen sagte sie ehrlich besorgt: „Ich will doch nur, dass du endlich ein Hobby findest. Man hört schließlich ständig, dass es überhaupt nicht gut ist, wenn die Leute nach fünfzig Jahren Arbeit plötzlich keine Aufgabe mehr haben, keinen Sinn im Leben, nichts, das ihnen Spaß macht. Das kann zu Depressionen führen."

Karl lächelte seine Frau liebevoll an.

„Es ist lieb, dass du dir solche Gedanken um mich machst. Aber ich glaube, ich habe heute tatsächlich etwas gefunden, das mir Spaß macht. Ich könnte mir vorstellen, dass das mein neues Hobby wird."

„Und das wäre?", fragte Doris überrascht.

Karl erklärte zufrieden: „Nichts tun!"

Sabine Bode

Mach mal langsam:
Tiefenentspannung für Teilzeitneurotiker

Du merkst, dass du älter wirst, wenn dir deine beste Freundin einen Kurs „Stressbewältigung durch Achtsamkeit" schenkt.

Früher bekam ich von Moni eine Eintrittskarte für *Rock am Ring*, heute für einen Nachmittag im Nachbarschaftsbegegnungszentrum. Das ist es wohl, was man den Lauf der Dinge nennt.

Und überhaupt, „achtsam", ich habe immer gedacht, ich wäre schon mein ganzes Leben lang achtsam. Also, ich gucke immer, dass mindestens die nächsten fünf Meter rechts und links keine Bahn kommt, wenn ich über die Straße gehe. Ich bin immer gut zu Tieren und manchmal auch zu Menschen. Und ich bringe immer meine eigene Frischhaltefolie mit und wickle die Salatgurken im Supermarkt damit ein.

Ich horche auch oft ganz tief in mich hinein, bevor ich wichtige Entscheidungen treffe. Meistens kommt dann dabei Folgendes raus: ökologisch ein Wahnsinn, enttäuschendes Preis-Leistungs-Verhältnis, nachweislich

gesundheitsgefährdend, *Stiftung Warentest* ungenügend, aber hey, wir sind im Urlaub, also scheiß drauf! Kurz, diesen ganzen Meditationshype fand ich immer reichlich übertrieben: Wenn ich will, dass einer vor mir sitzt und die Schnauze hält, kann ich doch genauso gut den Busfahrer nach einer Umsteigemöglichkeit fragen! Aber gut, dachte ich dann doch, kann ja nicht schaden, mal ein wenig in mich hineinzuhorchen. Vielleicht finde ich mein inneres Kind, verborgene Stärken oder zumindest mein grünes Ladekabel, das ich schon so lange suche. Zwei Wochen später lauschten Moni und ich in einer Begegnungsstätte, die sonst auch gern für Krabbelgruppen, Sitzgymnastik und Trauerkurse genutzt wird, einer älteren Dame (also mindestens fünf Jahre älter als ich und damit unfassbar alt!) mit weißer Leinenhose, weißem Flatterhemd und baumwollfeldfarbenem Haar, deren Inneres anscheinend genauso porentief rein war wie ihre äußerliche Erscheinung. Sie begrüßte uns mit einem flüsternden Stimmchen: „Hallo, ihr lieben Menschen, ich bin Bärbel Wesseldonk-zu-Papenstedt und bin Expertin für Achtsamkeit durch MBSR, ACT und MBCL!"
Freundlich erwartungsvoll guckte sie in die Runde. Als sich unsere Blicke trafen, antwortete ich reflexartig: „Tach auch, Bode, ich bin Expertin für ADS und *C&A*."

Um mich herum ein Dutzend stressverringerungswilliger Frauen (War ja klar. Männer entspannen sich offenbar lieber, indem sie achtsam ihre Socken *neben* den Wäschekorb schmeißen.), die einhellig befanden: Das hier ist nicht der Ort für Humor. Dies ist ein Ort für Selbstfindung, Gelassenheit und Flatulenz!

„Als Erstes möchte ich Ihnen MBSR vorstellen", raunte die Weißhaarige im Tonfall einer anthroposophischen Puppenspielerin.

„Okay, aber wenn ich ‚Stopp' rufe, machen Sie die Handschellen wieder auf, oder?", warf ich leicht ängstlich ein.

Unbeachtet meiner Sorge erklärte Baumwoll-Bärbel weiter: „‚MBSR' wurde von Jon Kabat-Zinn erfunden. Er ist der Vater der *Mindfulness Based Stress Reduction*."

„Ja, und du bist die Mutter aller Probleme, dann passt ihr ja wunderbar zusammen…", WOLLTE ich sagen, dachte ich aber nur. War das jetzt schon die Achtsamkeit? Schien ja alles schnell zu wirken.

Dann schlug die gute Frau einen Gong, der so lange nachhallte, dass ich mich einfach nicht beherrschen konnte und laut rief: „*MB* präsentiert!" Moni guckte böse.

Jaja, auch ich hatte verstanden. Bei diesem Achtsamkeitskurs ging es nicht um „Augen auf beim Eierkauf!", sondern eher so um Innereien. Aber so schnell konnte ich nicht aus jahrelang praktizierten Verhaltensmustern ausbrechen, da müssen auch die Achtsamen mal Verständnis für haben.

„Gebe dir selbst die Erlaubnis, dich wahrzunehmen", referierte Babs weiter.

„Gib!", rief ich.

„Was?"

„Es heißt ‚gib'!" Moni stopfte mir ihr Blumenhalstuch in den Mund, sodass ich nur noch „iib" rufen konnte.

„Jetzt lass doch mal deine ständige Besserwisserei und lass dich einfach drauf ein!", versuchte Moni mich zu beruhigen und warf den anderen einen fremdschämigen Blick zu.

Mit deutlich eingeschränkter Sauerstoffzufuhr im Gehirn konnte ich die folgende Sitzmeditation nur noch bruchstückhaft wahrnehmen. Was aber auch daran gelegen haben könnte, dass das orientalische Minisitzkissen ungefähr so bequem war wie ein antiker Melkschemel.

Mit geschlossenen Augen lauschten wir ihren liebevoll hingehauchten Imperativen: „Sei freundlich und wohlwollend zu dir selbst. Denke daran, es gibt keine falschen Gefühle. Was immer du spürst, akzeptiere es, es ist völlig in Ordnung."

Ich spürte vor allem Schmerzen in der Hüfte, die Blähungen meiner linken Sitznachbarin und einen Riesenhunger auf *Baileys*-Cupcakes.

„Nimm deine Gedanken wahr, aber bewerte sie nicht", ließ die menschgewordene Entdeckung der Langsamkeit vorn verlauten.

Ich bewerte meine Gedanken nie. Als aufmerksamkeitsdefizitär veranlagter Mensch ist das nämlich ziemlich schwer, weil pro Millisekunde Informationen wie „Mit der Kleinen Englisch üben!", „Unbedingt Veranstalter XY zurückrufen und sagen, dass er mir vegane Mettbrötchen macht!" und „Was hat Tante Gerda eigentlich 1992 bei der Familienfeier gemeint, als sie sagte, mein Marmorkuchen wäre ein bisschen zu trocken geworden?" gleichzeitig über meine achtspurige Gehirnautobahn rasen.

„Vielleicht möchtest du die Hände auf deinen Bauch legen? Erspüren, wie sich die Bauchdecke hebt und senkt?", säuselte sie weiter.

„Vielleicht möchte ich aber auch einfach nur die Beine in die Hand nehmen", dachte ich, „denn die Gedanken sind frei, kein Mensch kann sie wissen, kein Jäger erschießen. Hey, was ist das wieder für eine gewaltdominierte Sprache im deutschen Volkslied, muss ich unbedingt mal eine Glosse für *bento* schreiben..."

Aber da schlug schon der Gong.

„Hoch die Hände, Wochenende!", hätte ich beinahe gerufen, aber ich hatte dazugelernt.

„Namaste!", erklärte ich stattdessen mit einer Handbewegung, die eigentlich nur *DJ-Bobo*-Tänzer machen. Als kleine Hausaufgabe für die nächste Woche gab uns Bio-Babs eine Übung mit: „Nimm dich selbst an, wie du bist. Und nimm deine Mitmenschen so an, wie sie sind." In der Garderobe, in der sich alle aus den bequemen weißen Jogginghosen schälten, um sich genauso bequeme graue Jogginghosen anzuziehen, wollte ich eigentlich laut „HURZ!" rufen, aber Moni ermahnte mich: „Jetzt lass dich doch einfach mal drauf ein." Recht hatte sie. Ja, ich war eine zynische alte Schachtel und musste unbedingt mehr Empathie an den Tag legen. Ich ging also in die Stadt, wo ich das eben Gelernte ja sofort in die Tat umsetzen konnte.

Als Erstes waren neue Schuhe fällig. Ich fand in einem Schuhgeschäft namens „Comfort? Kommt vor!" auf Anhieb ein paar anschmiegsame neue Treter, die fast alle meine Kriterien erfüllten: platt-spreiz-knickfuß-kompatibel, atmungsaktiv, rutschfest... aber leider auch: beige.

„Entschuldigung, gibt's die auch in schön?", fragte ich

die Verkäuferin, eine patente Dame im besten Alter (also irgendwo zwischen 30 und 80).

„Aber hören Sie, der ist doch wunderschön, bequem, modern, und das Modell *Sahara* wird immer gern genommen. Gerade erst habe ich meiner Mutter…"

„Halt", sagte sofort eine innere Stimme zu mir, „jetzt bloß nicht wieder übergriffig werden und die Frau mit Schuhkartons bewerfen!"

Ich legte den rechten Daumen auf das linke Nasenloch, atmete tief ein und langsam wieder aus und unterbrach ihren Redefluss.

„Ich verstehe Sie sehr gut", sagte ich und legte ihr die Hand auf die Schulter. „Sie sind eine Poetin, gefangen im Körper einer Schuhverkäuferin, und möchten mir wirklich nichts Böses, sondern sehr achtsam durch die Blume sagen, dass ich mein Alter akzeptieren und dieses Gottesgeschenk ruhig auch in der Wahl der Fußbedeckung nach außen tragen soll. Das ist wirklich sehr lebensbejahend und aufrichtig. ABER DIE FARBE IST EINFACH NUR KACKE! ICH SEHE DAMIT JA AUS WIE DIE URGROSSMUTTER DER SCHAU-KELSTUHL-MUTTI AUS ‚PSYCHO'!"

Sanft wurde ich daraufhin von den Sicherheitskräften aus dem Seitenausgang geschoben und ich merkte: Hmm, das hat noch Optimierungsbedarf.

Peter Gitzinger

Wie werde ich ein moderner aktiver Ruheständler?

Früher war alles einfach: Opa hatte sein Leben lang hart geschuftet, und wenn er in Rente ging, sagte er: „Leute, ich bin platt. Bleibt mir von der Pelle!" Von da an stellte er a) jede Form von Anstrengung und b) jede Form zwischenmenschlicher Kommunikation ein und zog sich mit einer Flasche Bier auf eine Bank im Garten zurück, wo er – als eine Art menschliches Ziermöbel – die letzten Jahre seines Lebens vor sich hindämmerte. Heute aber steht der unbedarfte Neu-Rentner vor gewaltigen physischen und sozialen Herausforderungen: Man erwartet von ihm ständige Mobilität, freudige Aufopferung im Dienste der Enkelkinder und das begeisterte Erlernen neuer Fähigkeiten. Inzwischen weichen immer mehr Rentner in vergleichsweise stressfreie Nischen aus und jobben als Rohrreiniger auf Polarmeer-Bohrinseln oder als Schürfer in namibischen Uranminen.

Alle, die effektivere Varianten der Stressvermeidung bevorzugen, beschäftigt die bohrende Frage: Wie werde ich ein moderner aktiver Ruheständler – ohne aktiv zu sein?

Die Antwort: Sie tun nur so als ob. Wenden Sie dieselben Strategien an, mit denen Sie früher Ihren Chef übers Ohr gehauen haben: Täuschen und Tricksen. Wichtig ist nicht, dass Sie etwas tun, wichtig ist, dass Sie darüber *reden* – ganz wie früher im Job. Wir wollen das an einigen praktischen Beispielen demonstrieren:

Stressfaktor 1: Heimwerken

Jahrzehntelang haben Sie bei jeder sich bietenden Gelegenheit getönt, dass Steuerberater nicht Ihr Traumjob war – eigentlich hätten Sie viel lieber was mit den Händen gemacht. Was mit Holz, das wär's gewesen. Und das holt Sie jetzt ein: Ihre Kumpels haben Ihnen zur Rente einen Blaumann und jede Menge Werkzeug geschenkt. Und nun stehen Sie in Ihrem neu eingerichteten Hobbykeller, schauen sich um, und Ihnen wird klar: Nur ein komplett Wahnsinniger würde Tag für Tag hinunter in dieses schlecht belüftete Kabuff stapfen, um für sein Enkelkind ein albernes Holzauto zu stümpern, das einem bei Toys'R'Us für acht Euro nachgeworfen wird. Sie wollen nur raus aus diesem Loch, zurück in Ihren gemütlichen Sessel im Wohnzimmer. Was jetzt?

Ganz einfach: Wenden Sie unsere Potemkinsches-Dorf-Strategie an: Googlen Sie ein bisschen, lernen Sie ein paar schicke Fachbegriffe auswendig, zum Beispiel „Zweiflügel-Tellermutter" oder „Keil-Schal-Zwinge", und dann ziehen Sie los und verblüffen einen Obi-Verkäufer. Bauen Sie Kontakt zu ihm auf! Verwickeln Sie ihn in Gespräche, vor allem über Ihre fiktiven Projekte – Hauptsache, er behält Ihren Namen. Und dann bringen Sie eines Tages – ganz zufällig – einen Ihrer Kumpels mit und lassen ihn Zeuge Ihrer Fachsimpelei werden. Irgendwann wird zwangsläufig ein Satz wie der folgende fallen: „Ach, übrigens, die Spezial-Fußpfetten und der Getriebe-Exzenterschleifer, nach denen Sie neulich gefragt haben, kommen nächste Woche rein. Dann können Sie endlich Ihren Dachboden weiter abdichten!"

Jetzt haben Sie gewonnen! Ihr Ruf als Profi-Heimwerker wird sich in Kürze in Ihrem gesamten Freundeskreis verbreiten, während Sie das tun, wofür Sie in Wirklichkeit geschaffen sind: den Sportteil Ihrer Tageszeitung durchblättern.

Stressfaktor 2: Sport

Ihr Leben lang haben Sie sich erfolgreich vor körperlicher Anstrengung gedrückt. Sie haben das nur ein einziges Mal bereut, als damals die Serie *Baywatch* anlief und Sie einige lustvolle Wochen lang von einem physisch ausgefüllten Leben als Rettungsschwimmer in Malibu fantasierten.

Da diese liebevoll-entspannte Einstellung zu Ihrem Körper sich über viele Jahre bewährt hat, sehen Sie keinen Anlass zu einer Änderung. Aber nun plötzlich finden Sie sich von Sportskanonen umzingelt. Ihre Freunde verbringen ihre Zeit mit absurden Beschäftigungen wie alpinem Bergwandern, Spinning-Kursen und Lacrosse, und Ihr alter Kumpel Hanno, früher ein eingeschworener Couch-Potato, trainiert für die Teilnahme an der Deutschen Senioren-Meisterschaft im Triathlon. Auch Ihre Frau hat wie zufällig ein Anmeldeformular fürs Partner-Yoga auf dem Wohnzimmertisch liegen lassen. Es wird höchste Zeit, etwas zu tun – sonst wird man Sie am Ende für den Sesselpupser halten, der Sie sind.

Auch hier hilft Ihnen nur ein geschickt eingefädeltes Täuschungsmanöver. Dafür müssen Sie zunächst einmal das ultimative Opfer bringen: Ihren Partykeller. Wandeln Sie ihn in ein Fitness-Center um. Kaufen Sie hierfür nur die billigsten Geräte – denn Sie werden sie nie benutzen.

Wenn Sie damit fertig sind, fehlen noch die beiden wichtigsten Hilfsmittel: ein geschlossener Kopfhörer und die CD *Burn my Eyes* der Trash-Metal Band

Machine Head. Erklären Sie Ihrer Frau, dass diese Musik Sie anfeuert, und ziehen Sie sich dann jeden Tag eine Stunde in Ihren Fitness-Keller zurück, wo Sie gemütlich, geschützt durch den Kopfhörer, den Sportteil Ihrer Tageszeitung durchblättern können, in der Sicherheit, dass Ihre Gattin sich nicht einmal in die Nähe dieses infernalischen Lärms wagen wird. Engagieren Sie außerdem einen Sportstudenten, der Ihnen Ihre Sportklamotten durchschwitzt – das gibt Ihnen nebenbei das gute Gefühl, den akademischen Nachwuchs zu unterstützen.

Und beim nächsten Grillabend führen Sie Ihre Freunde in Ihre „Folterkammer" – der Geruch der alten Turnschuhe, die sie strategisch in den Ecken versteckt haben, wird automatisch das richtige Turnhallen-Feeling aufkommen lassen.

Ganz klar: So kann nur ein echter Sportler stinken.

Stressfaktor 3: Reisen

Jahrzehntelang sind Sie jeden Morgen in Ihren Wagen gestiegen und kilometerweit zur Arbeit gezuckelt – und abends zurück. Vermutlich sind Sie dabei mehrmals um den Erdball gereist, Sie würden es genau ausrechnen – wenn Sie nicht viel zu erschöpft dazu wären. Ja, Sie brauchen Ruhe.

Doch die Ansichtskarten, die Ihnen Ihre ehemaligen Kollegen von den Osterinseln, aus dem äthiopischen Hochland und der chilenischen Atacamawüste schicken, belegen: Sie drohen hoffnungslos ins Hintertreffen zu geraten und als unverbesserlicher Stubenhocker zu gelten, wenn Sie nicht bald aktiv werden.

Hier müssen Sie schon stärkere Geschütze auffahren. Unser Tipp: Werden Sie krank, am besten chronisch. Viele Unpässlichkeiten vertragen sich zum Glück ganz und gar nicht mit Flugreisen, zum Beispiel diverse Lungenkrankheiten. Falls Sie also schon Raucher sind, erhöhen Sie das Pensum, und falls Sie unbedachterweise bislang Tabak verschmäht haben: Jetzt ist es höchste Zeit durchzustarten. Beginnen Sie mit zwei Schachteln Roth Händle ohne Filter am Tag, steigern Sie sich nach ein paar Wochen auf drei, dann vier Päckchen. Alternativ können Sie sich eine schwere Blutanämie, eine Sichelzellenkrankheit, eine schizoaffektive Psychose mit Ausbrüchen von Gewalttätigkeit oder eine gefährliche Thrombose zulegen. Oder aber Sie werden hochschwanger (was sich jedoch als schwierig erweisen könnte: Erstens sind Sie keine Frau, und zweitens treten selbst bei Frauen chronische Schwangerschaften nur in den seltensten Fällen auf).

Wenn das geschafft ist, legen Sie los und planen Ihre Entdeckungsreisen. Ihrer Abenteuerlust sind keine Grenzen gesetzt – Hauptsache, Sie lassen Ihre Freunde an Ihren Planungen teilhaben. Umso mehr wird man mit Ihnen leiden, wenn Sie mit tränenerstickter Stimme offenbaren, dass die Expedition in den Dschungel Kambodschas Ihrer zerrütteten Gesundheit zum Opfer fällt – und Ihren Abenteurergeist bewundern, wenn Sie sich zum Brötchenholen aus dem Haus schleppen. Ein weiterer Vorteil: Ihre geschwächte Konstitution wird es Ihnen auch ermöglichen, den ...

Stressfaktor 4: Enkel
zu minimieren.

Während Ihre Freunde mit der Nachkommenschaft zu aufreibenden Tagestouren nach Fort Fun oder Euro Disney aufbrechen, bei denen sie sich finanziell und nervlich dem endgültigen Ruin nähern, lehnen Sie sich zurück und tun etwas für Ihre Gesundheit – zum Beispiel den Sportteil der Tageszeitung durchblättern.
Wenn Ihr Enkel um die Ecke biegt, damit Sie mit ihm in den nächsten sechs Stunden ein *Krieg der Sterne*-Raumschiff von Lego zusammenbauen, zeigen Sie Begeisterung. Aber dann überzeugen Sie ihn durch einen mehrminütigen Krampfhustenanfall, den Sie nur knapp überleben, dass es nur einen Ort gibt, an dem er vor Ansteckung und einem qualvollen Hinsiechen sicher ist: nämlich überall dort, wo *Sie* nicht sind.
Wenn Sie all unsere Tipps beherzigen, erwartet Sie ein erfülltes, aktives Rentnerdasein, ohne dass Sie jemals Ihr Haus verlassen müssten. Schnappen Sie sich eine Flasche Bier und den Sportteil Ihrer Tageszeitung – die Bank im Garten wartet schon auf Sie!

Regine Kölpin

Wenn alles schiefgeht …

Mona sprang auf und warf einen erschrockenen Blick auf die Uhr. Verdammt, sie hatte verschlafen, und das an ihrem letzten Arbeitstag, an dem sie doch noch das große Projekt über die Bühne bringen musste. Es ging um mindestens eine Million Euro. Ein hübsches Sümmchen, das sie der Firma gern als letzten Gruß vor der Rente hinterlassen würde. Immerhin arbeitete sie bereits seit über 40 Jahren dort, und da hatte sie hohe Ansprüche. Morgen war ihr letzter Tag – und heute musste sie die Powerpoint-Präsentation noch einmal wiederholen, weil sie den Kunden in der letzten Woche leider nicht final überzeugen konnte, was Mona sehr gewurmt hatte. Also, jetzt schnell raus aus den Federn, das durfte sie einfach nicht verderben. Andere feierten Abschied, wenn sie aus dem Berufsleben schieden. Sie brachte das letzte Geschäft über die Bühne. Gestern hatte Mona eine Runde Kuchen ausgegeben und dabei wollte sie es belassen, sicher waren alle froh darüber, wenn sie nicht mit ihr großartig feiern mussten.

Mona stürzte ins Bad, drückte zwischenzeitlich den Knopf ihrer Kaffeemaschine, die sie wie immer am Vorabend mit Pulver gefüllt hatte, und sprang in ihre ebenfalls bereitgelegten Klamotten. Als sie in den Rock hüpfen wollte, knickte Mona um und schlug mit dem Allerwertesten auf. Es dauerte einen Augenblick, ehe sie wieder aufstehen konnte. Mit der rechten Hand strich sie über ihren Po. Das würde einen dicken blauen Fleck geben. Aber das war jetzt auch egal. Hauptsache, die Präsentation klappte dieses Mal reibungslos. Mühsam schob Mona sich am Wannenrand nach oben und stellte sich hin. So ein Mist, ihr Knöchel war verstaucht. „Verdammt", fluchte sie. „Ich kann doch dem Kunden nicht humpelnd entgegengehen. Ich muss meine Pumps anziehen, wie sehe ich sonst aus?"

Niemals hatte sie zu ihrem engen Kostümrock etwas anderes getragen als hochhackige Schuhe und niemals würde sie das an ihrem letzten Arbeitstag ändern. Mona biss die Zähne zusammen und humpelte in die Küche. Obwohl es höllisch wehtat, gelang es ihr, sich zur Kaffeemaschine zu schleppen, doch der Kaffee war nicht durchgelaufen. Sie hatte den Knopf nicht richtig gedrückt.

„Dann eben ohne Kaffee und ich trink in der Firma einen", fluchte Mona und griff gleichzeitig nach der

Jacke im Flur. Immerhin hatte sie so ein paar Minuten gewonnen. Mit schmerzverzerrtem Gesicht schleppte sich Mona die zwei Stockwerke hinunter und musste dort feststellen, dass ihre Uhr offenbar falsch ging, denn sie sah den Bus gerade davonfahren.

„Was ist denn heute los?", fluchte sie. Es half jedoch nichts, sie musste pünktlich in der Firma sein. Wie peinlich wäre es, nach dem Kunden anzukommen. Wichtig war ihr außerdem, alles zuvor noch einmal durchzugehen. Seufzend schleppte sich Mona zum Fahrrad, das sie immer vor dem Haus abstellte. Es war ein schwieriges Unterfangen, sich mit Bleistiftrock und Pumps auf einen Fahrradsattel zu quälen, zumal Mona kein Altdamenrad fuhr, sondern ein echtes Bike hatte. Mit 12 Gängen ohne Hinterradbremse und absolut schnittig. War auch super, wenn man die passenden Klamotten dazu trug.

„Das alles ist kein gutes Omen", seufzte Mona, während sie sich durch den Stadtverkehr quälte. Sie musste sich dringend Mut machen und versuchen, es positiv zu sehen. „Wenn jetzt schon alles schiefgeht, dann klappt der Deal gleich bestimmt hervorragend."

Mona strampelte durch den Stadtverkehr, fluchte nur ein kleines bisschen, als ein Laster zu dicht an ihr vorbeibrauste und ihre Perlonstrumpfhose mit Schlammspritzern verzierte. Immerhin war sie gleichmäßig gesprenkelt. Dass sie zudem vergessen hatte, ihr Deo aufzutragen, versuchte Mona zu verdrängen. Sie hatte ja ein Parfümfläschchen in der Tasche.

Vor der Firma stellte sie das Rad in den Unterstand. Sie schrak zusammen, als ein etwa fünfjähriger Junge laut schrie. Mona schoss herum, touchierte das neben sich stehende Rad, und sämtliche aufgestellten Fahrräder fielen um wie Dominosteine. Es schepperte und klingelte, dann war alles still. Betreten sah Mona sich um, als sie erkannte, welch Desaster sie am Fahrradstand hinterlassen hatte. „Hat keiner gesehen", flüsterte sie. „Hat bestimmt keiner gesehen."

Mona huschte in die Firma. Im Vorübergehen nickte sie dem Pförtner freundlich zu. „Da hat jemand sämtliche Fahrräder umgekippt!", sagte sie so lässig wie möglich.

„Ich kümmere mich darum. Danke, Frau Janßen!"

Mona war froh, dass sie den Lift nehmen konnte und mit ihrem schmerzenden Fuß keine Treppen erklimmen musste. Im Fahrstuhl lehnte sie sich mit dem Rücken gegen die Wand und erschrak, als der Spiegel ihr zeigte, wie derangiert sie aussah. Ihr Haar stand wirr in alle Richtungen, die Strumpfhose sah aus, als hätte sie ein ausgiebiges Schlammbad genossen, und der Fuß glich dem eines Elefanten, der versehentlich in eine Kokosnussschale getreten war und sie nicht mehr abbekam.

Mona fuhr sich notdürftig durchs Haar, holte noch rasch den Lippenstift raus und wollte eben ein wenig Farbe in ihr Gesicht bringen, als der Fahrstuhl ruckelnd stoppte. Ein Mann stürmte hektisch hinein und rempelte Mona an. Dabei malte sie einen kräftigen dunkelroten Strich quer über ihr Gesicht.

„Sorry", sagte der Kerl und hastete im nächsten Stockwerk wieder hinaus. Mona schaute erneut in den Spiegel. Sie sah nun aus, als hätte sie sich für Kriegsbemalung entschieden und würde gleich in die Prärie reiten, um sich mit einem gegnerischen Stamm zu bekriegen. Mona verließ den Fahrstuhl auf ihrer Büroebene. Am liebsten hätte sie sich unsichtbar gemacht. Aber wer war in einer Abteilung schon unsichtbar, und schon gar nicht, wenn es sich bei derjenigen um die Vorgesetzte handelte und alle wussten, um was es heute ging. Als Erste begegnete ihr Steffi.

„Guten Tag, Mona." Ihre Assistentin blieb stehen und konnte sich ein Grinsen nicht verkneifen. „Sorry, aber du hast ein bisschen tief in den Farbtopf gegriffen", sagte sie. Inzwischen war ihr Blick auch bei Fuß und Strümpfen angekommen. „Etwas Pech gehabt heute?" Mona nickte bloß. Sie humpelte in die Toilette und versuchte, mit einem Papiertaschentuch wenigstens den roten Querstrich zu beseitigen. Leider gelang es ihr nicht vollständig, denn der Lippenstift war natürlich wasserfest, aber immerhin sah sie nicht mehr aus wie ein Komantsche auf Kriegsfuß.

„Ich muss die Präsentation hinbekommen, gleichgültig, was jetzt alles passiert ist", murmelte Mona und mühte sich mit der Strumpfhose ab, doch es wurde nur noch schlimmer. „Bin ich froh, wenn ich bald entspannt meinen Ruhestand genießen kann."

Was hatte sie nicht alles vor!

Reisen wollte sie. Nach Spanien, auf die Malediven und Seychellen. Endlich die Welt sehen, von der sie bislang nur geträumt hatte. Und Mona wollte Kochkurse aus den verschiedenen Ländern besuchen.

Doch zuerst musste sie ihre Aufmerksamkeit diesem Projekt widmen. Es führte kein Weg daran vorbei. Egal wie sie aussah: Es kam auf die Inhalte an. Nun musste sie sich wirklich sputen, wenn sie einen letzten Blick in die Unterlagen werfen wollte.

Mona atmete einmal tief durch. „Ich schaff das!"

Sie betrat den Flur und warf einen Blick aus dem Fenster. Der Pförtner war eben dabei, die Fahrräder wieder hinzustellen. Dann war das Problem wenigstens gelöst. Doch das nächste nahte in Person ihrer Chefin Dr.

Lewald. „Unser Termin verschiebt sich", platzte sie gleich heraus. „Trinken Sie ruhig in der Küche noch einen Kaffee."

„Ich werde lieber die Unterlagen durchgehen", antwortete Mona.

„Wie Sie meinen." Kurz glaubte Mona ein Grinsen im Gesicht der Chefin zu entdecken. Mona seufzte innerlich. Frau Dr. Lewald glaubte offenbar nicht an den Erfolg und würde das Problem mit dem Kunden bestimmt so lösen, als wäre alles ihr Verdienst. Wild entschlossen humpelte Mona in ihr Büro. Sie stutzte. Offenbar hatten man es eilig, sie loszuwerden. Der Schreibtisch war bereits geräumt und alle persönlichen Sachen in Kisten verpackt. Wo zum Teufel waren die Ordner und der USB-Stick mit ihrer Präsentation? Sosehr Mona auch suchte, er war fort. Sie ließ sich auf den Schreibtischstuhl fallen und legte den Kopf in die aufgestützten Hände.

„Ich bin eine Frau, die sämtliche Weichen des Lebens gern selbst stellt. Ich allein bestimme, ob es linksherum oder rechts oder gar geradeaus gehen soll. Mein Gott, ich habe jetzt 65 Jahre auf dem Buckel, mein Leben lang gearbeitet und die Zügel in der Firma stets fest in den Händen gehalten. Das geht nur, wenn man weiß, wohin die Reise gehen soll. Und heute, an meinem letzten wichtigen Arbeitstag, läuft nichts so, wie es sollte." Es war zum Heulen.

Scheiterte das Projekt, wäre es eine furchtbare Blamage, und erst recht, wenn sie gleich ohne Unterlagen und ohne die Power-Point-Präsentation in dieses Meeting gehen musste. Fieberhaft suchte Mona nach einer Lösung. Immerhin hatte der Kunde alles schon einmal gesehen und würde sich vielleicht mit ein paar Fragen zufriedenstellen lassen? Die Tür klackte.

„Na, Mona, schon im Rentnerstress?", wurde sie von der Kollegin und Nachfolgerin Nadja begrüßt. Sie war wie immer adrett gekleidet, trug eine saubere Strumpfhose und hatte keinen Klumpfuß. Nadja war Anfang dreißig und freute sich immens auf Monas Posten.

„Ich werde gleich den Abschluss durchbringen", antwortete Mona. Sie gab sich lässig, schließlich musste Nadja nicht erfahren, dass sie im Augenblick in tiefen Schwierigkeiten steckte.

„Du siehst völlig fertig aus. Na ja, bei einem solchen Abschluss. Geht ja richtig um was." Gönnerhaft blickte Nadja sie an. Oder lachte sie etwa auch über sie, die alte Frau, die es am letzten Tag nicht mehr auf die Kette bekam?

Verstohlen wischte Mona sich über die Wange und hoffte, dass wirklich nicht mehr viel vom verrutschten

Lippenstift zu sehen war. Dann reckte sie das Kinn und schloss die Augen. In Gedanken sah sie sich bereits an einem andalusischen Strand entlangspazieren, die Hände in den Taschen und ein fröhliches Lied pfeifend. Sie würde gleich Mittel und Wege finden, so wie sie es immer getan hatte. Dennoch trommelte sie nervös auf der Tischplatte herum.

„Ich werde gleich bei der Präsentation dabei sein", sagte Nadja mit begeistertem Unterton. „Wir freuen uns alle darauf. Du bist sicher wunderbar vorbereitet auf das, was kommt!"

Mona zuckte zusammen, fing sich aber schnell wieder. „Vielleicht gelingt es mir, die Million sogar zu toppen", entfuhr es ihr, auch wenn das völlig utopisch war. Vor allem an einem Tag wie diesem, wo sie nicht nur mit dem Allerwertesten Fahrräder umschmiss und sich den Lippenstift quer über die Wange zog, sondern es auch noch fertigbrachte, ohne Unterlagen in ein solches Meeting zu spazieren.

„Du siehst wirklich nicht gut aus", wiederholte Nadja lauernd. „Kommt ja gleich auch echt was auf dich zu."

Auf dem Gang ertönten Schritte, und Dr. Lewald stürmte mit ausgreifendem Schritt ins Büro. Sie schlug die Hände überm Kopf zusammen. „Es gibt eine Änderung im Programm."

Mona schluckte. „Welche?"

„Kommen Sie bitte mit! Sofort!" Wenn Dr. Lewald einen solchen Ton anschlug, war es ernst. Bitterernst. Sie musste von den verschwundenen Unterlagen wissen. Mit klopfendem Herzen folgte Mona ihr über die langen Flure, atmete wie zur Beruhigung ein letztes Mal den Duft der Firma ein. Sie liebte diese Mischung aus Kaffee, Papier und Druckerschwärze, gepaart mit den unterschiedlichen Duftnoten der Kolleginnen und Kollegen, mit denen ein jeder sein Revier markierte. Egal, wie es ausging: Es würde ihn fehlen.

Dr. Lewald steuerte auf den großen Saal zu, in dem sie ihre Projekte regelmäßig in einem Jour fixe besprachen.

„Was gibt es denn für ein Problem, dass wir nicht sofort zur Präsentation schreiten können?", fragte Mona beklommen. Sie musste einfach Gewissheit haben, was ihre Chefin wusste.

Dr. Lewald schaute sie ernst an, konnte aber das belustigte Flackern in den Augen nicht verhindern. „Sie sind das Problem, Frau Janßen. Sie allein."

Mona schluckte. Sie hatte so sehr gehofft, dass sie zum Abschluss noch einmal so richtig glänzen durfte, und nun schien alles, wirklich alles, den Bach runterzugehen. Nadja eilte an ihnen vorbei. Täuschte Mona sich oder warf sie ihr, der alten Schachtel, die ihr letztes Projekt komplett versiebt hatte, einen mitleidigen Blick zu?

Dr. Lewald stieß die Tür zum Saal auf. Mona schloss die Augen und bereitete sich auf ihren Gang zum Schafott vor. Sie atmete einmal tief durch, bevor sie es wagte, den Blick zu heben. Plötzlich dröhnte ihr ein schauriges Hupen und Dröhnen entgegen. Sie spürte Konfetti auf sich regnen, darunter mischte sich ein „Auf einen fröhlichen Ruhestand, liebe Mona!".

Ihre Kolleginnen und Kollegen formierten sich zu einem Pulk und begannen zu singen: „So ein Tag, so wunderschön wie heute…" Korken knallten.

Die gesamte Abteilung trug alberne Partyhütchen auf dem Kopf. Die einen gerade, die anderen seitlich und schräg. „Die haben wir auf, weil wir wissen, wie scheußlich du das findest", sagte Nadja lachend. „Wir setzen sie auch gleich wieder ab, aber der Schock musste auch noch sein."

Mona wusste gar nicht, wie ihr geschah. „Aber der Abschluss…"

Nadja strich Mona über den Unterarm. „Später, jetzt wird gefeiert!" Sie reichte Mona ein Glas mit wunderbar perlendem Champagner. Kein Sekt.

„Ihr… ihr habt das alles heimlich für mich vorbereitet?" Mona nahm einen Schluck und konnte den Blick nicht von den vielen Luftballons und den wundervoll gedeckten Tischen lassen. An der Stirnwand war ein Büfett aufgebaut, das unter der Last der Speisen zusammenzubrechen drohte.

„Natürlich", sagte Nadja. „Dachtest du wirklich, wir lassen dich still und heimlich gehen, nach allem, was du für uns getan hast? Du bist und bleibst die Größte, wir werden dich sehr vermissen."

Mona kämpfte mit den Tränen. „Und ich dachte, nach einem solchen Tag…" Sie erzählte, was ihr heute schon alles passiert war.

„Nein, sag bloß?", fragte Nadja kichernd. „Und nun sag bloß nicht, dass auch noch deine Unterlagen weg sind."

„Doch!" Mona ging mit einem Mal ein Licht auf. „Ihr wart das? Ihr Schurken! Ihr wolltet mich erschrecken?"

„Wir wollten, dass du einen winzig kleinen Schreck bekommst und dann ausgiebig mit uns feierst! Dass du die Präsentation wiederholen sollst, stimmt nämlich gar nicht." Nadja schaute sie treuherzig an. „Für deine anderen Missgeschicke können wir allerdings nichts. Das war wohl Fügung."

Mona nippte versonnen am Champagner. Das musste sie erst einmal sacken lassen.

Dr. Lewald hatte zugehört und lächelte breit. „Sie waren unglaublich überzeugend, da hat der Kunde gleich unterschrieben."

Mona musste sich setzen. „Es ist alles unter Dach und Fach?"

Dr. Lewald nickte. „Gut, dass Sie sitzen. Der Kunde zahlt 1,2 Millionen. Ihr Deal! Auf einen erholsamen Ruhestand und viele schöne Reisen. Prost, Frau Janßen."

„Erst einmal auf eine tolle Feier!" Mona schloss die Augen. Diesen Tag würde sie jetzt so richtig genießen, nach allem, was so schiefgelaufen war.

Peter Butschkow

Abschied

Im Saal wurde es still, der Boss hatte mit seinem Kugel-schreiber an sein Sektglas gepingt, sich erhoben und geräuspert.

„Liebe Belegschaft", sagte er – schon der warme Schmelz seiner beiden Worte ließ erahnen, dass es hier um eine Würdigung ging – „für jeden von uns kommt einmal der schwere Moment, wo es heißt, nach einem erfüllten Arbeitsleben Abschied zu nehmen vom geliebten Arbeitsplatz und von den geschätzten Kolleginnen und Kollegen. Ein Moment des Schmerzes, der Sorge um die Leere danach, gewiss auch das verdiente Glück der Faul-heit, der Entbindung von Verantwortung und Sorge um das Wohlergehen unserer Firma. Keine hat diesen Wer-ten so umfänglich entsprochen wie unsere geschätzte Kollegin. Über 35 Jahre hat sie in beispielloser Hingabe unserem Unternehmen pflichtbewusst gedient, nichts konnte sie davon abhalten, sich mit Leidenschaft in Auf-gaben und deren Lösungen zu stürzen. Pünktlichkeit und Verlässlichkeit waren für sie immer oberstes Gebot und – wie sagt man so schön – sie ist noch mit dem Kopf unter dem Arm in die Firma gekommen."

Im Saal wurde gelacht.

„Ich mag mir den Morgen nicht vorstellen, an dem ihr Stuhl verwaist ist und ihre sympathische Aura nicht mehr unser Betriebsklima erwärmt. Nun dann, verabschieden wir uns schweren Herzens von unserer geschätzten und geliebten… von unserer geliebten… also, von unserer, äh…"

Er beugte sich leicht zu seiner neben ihm sitzenden Sekretärin hinunter und zischelte: „Verdammt, wie heißt die Dame?"

Sophia Schweinsberg

Von Fischen, Verantwortung und haarigen Urlaubsreisen

Wenn man in Rente geht, hat man ganz plötzlich viel Zeit, um die Dinge zu tun, die man sich sein ganzes Leben lang schon vorgenommen hat oder vornehmen wollte.

Man hört so manche Geschichten von glücklichen Pärchen im Ruhestand, die alles aufgaben, sich einen Zwei-Personen-Wohnwagen kauften und eine spontane Weltreise starteten. Ob sie denn irgendwann zurückkommen oder kommen wollen, ist eine andere Sache.

Ich für meinen Teil wollte schon immer einmal „Weltbeste Couchkartoffel" spielen. Den ganzen Tag in meinem Lieblingssessel sitzen und Zeitung lesen ist wirklich mein allergrößtes Lebensziel gewesen.

Doch nach ein paar Wochen wurde es relativ langweilig. Immer das Neuste vom Neusten zu wissen, war dann gar nicht mehr so spannend, wie es vorher schien. Ich brauchte dringend einen Zeitvertreib. Etwas, das mich mehr beanspruchte als der Weg zum Dorflädchen um die Ecke und doch nicht so anstrengend war wie der vermeintliche Schulweg meines Großvaters.

Gott habe ihn selig.

Vielleicht einen Hund, dachte ich mir. Den aber von meiner alten Katze fernzuhalten, wäre alles andere als spaßig. Für Schafe habe ich schlichtweg keinen Platz und für ein intensives CrossFit-Work-out sind meine Gelenke nun wirklich nicht in Form.

Und so kam es dann, dass ich mich durch die Empfehlung einer guten alten Freundin dazu entschloss, mir Fische anzuschaffen. Die waren erstens schön anzusehen und würden mir zweitens etwas von meiner überschüssigen Freizeit rauben.

Mein Aquarium war sehr klein, nur sechs Neons und ein kleiner Dreibinden-Panzerwels (was ein komischer Name für einen Fisch) passten in das Becken. Wasser jede Woche mindestens zweimal wechseln, Futter bekamen sie immer morgens und abends, ausreichend Trinken hatten sie ja schon. Und weil ich mich an ihrer jungen, freudigen Schönheit begeistern wollte, schrubbte ich täglich die Algen von den Glasscheiben.

Fantastisch.

Das dachte ich zumindest, denn diese Rechnung hatte ich ohne meine Katze gemacht.

Sie fand es ganz besonders lustig, in dem teuren Aquarium angeln zu gehen.

Die Fische eher weniger.

Einmal hatte ich vergessen, den Deckel zuzumachen, und als ich vom Lädchen um die Ecke zurückkam, sah der Wasserkasten aus wie ein misslungenes, chemisches Experiment meines zehnjährigen Enkels.

Der zickige Fellball saß direkt daneben, schmatzend, und putzte sich noch selbstgefällig das zerzauste, nasse Fell.

Also besser keine Fische mehr.

Damit war die elende Langeweile wieder zurück und mit ihr neue einfallsreiche Ideen, wie ich sie wieder loswerden würde.

Mir kam der glorreiche Gedanke, mir vielleicht doch einen Wohnwagen zuzulegen, auch wenn ich nicht unbedingt vorhatte, bis zum Äquator und wieder zurück zu fahren, so wie es die anderen abenteuerlustigen Pärchen taten. Deutschland hat doch auch einige schöne Orte, wie zum Beispiel die Nord- und Ostsee,

viele Burgen, Seen, Wälder und meinen Lieblingssessel. Und wie es das Schicksal so wollte, stand eines bedeutungslosen Tages ein Artikel in der Zeitung, der mein Leben verändern würde: „WOHNWAGEN FÜR ZWEI PERSONEN ZU VERKAUFEN. Informationen …“

Ich packte all meine Sachen (natürlich nur das Nötigste) und meinen Mann ein und machte mich mit ihm auf den Weg ins Unbekannte.

Die Katze hatte ihren Platz bei unserer Tochter gefunden und die Pflanzen wurden fortan von einer freundlichen Nachbarin versorgt, während wir wahllos irgendwelche Dörfer und Straßen wie Kippenheim (für alle Kettenraucher auf Entzug) oder Fegefeuer (der Vorgeschmack der Hölle) durchkreuzten.

Bei dem nächsten Stadt-Land-Fluss mit unseren Enkeln könnten wir auf jeden Fall punkten. Denn auf Geilenkirchen, Elend, Luschendorf, Feucht oder Oberhäslich würde außer uns sicherlich keiner kommen.

Und diese Liste würde sich mit ziemlicher Sicherheit noch auf ein Vielfaches erweitern, wenn wir den Wohnwagen nicht geradewegs in der Elbe versenkt hätten.

Sky du Mont

Dinge,
die geklärt
werden mussten

Wenn dir mit fast sechsundsiebzig jemand sagt: „Steh auf, benimm dich anständig und gib die Hand!" – dann ist es vermutlich meine Mutter.

Die Menschen werden ja bekanntlich immer älter. Für meine Mutter gilt das besonders. Sie ist jetzt sechsundneunzig und fit wie ein Turnschuh. Neuestes Modell. Ich gönne ihr das von Herzen und freue mich natürlich auch, wenn ich sie sehe. Aber es hindert mich doch sehr am Erwachsenwerden. Was sich ein bisschen seltsam anfühlt, wenn man sich langsam auf die siebenundsiebzig zubewegt. Tatsache ist: Man ist nie zu alt, um von Muttern erzogen zu werden.

Im Grunde ist ein solcher Erziehungswahn ja nur Ausdruck mütterlicher Liebe. Zumindest behauptet sie das. Und wer wollte sich dagegen schon wehren. Schlucken musste ich erst, als sie mir neulich eröffnete: „Junge, du solltest dich mal nach einem geeigneten Altersheim umsehen."

„Wirklich? Ich dachte nicht, dass *du* jemals darüber nachgedacht hast, in ein Altersheim zu gehen."

„Nicht ich, Kind. *Dich* wüsste ich gerne gut untergebracht, wenn ich mal nicht mehr bin."

Wenn sie mal nicht mehr ist? Ich meine, hallo, mit sechsundsiebzig hat man sich mittlerweile so daran gewöhnt, dass man eine Mutter hat, dass man einfach lebt, als hätte man *immer* eine Mutter. Immerhin wäre ja dann die ganze eigene Vergangenheit ausgelöscht. Denn ich kann mich an kaum noch etwas erinnern, was früher war. Sie schon. Aber die Idee, dass *sie mir* einen Platz im Altersheim besorgt ... *Sie. Mir!*

Ich hustete erst einmal zu Ende. Dann stand ich auf und gab ihr ein Küsschen links und eines rechts. „Klar, Mama. Darüber sprechen wir, wenn ich das nächste Mal bei dir bin."

„Wie du meinst, Junge. Aber vergiss es nicht wieder. Ich habe den Eindruck, dein Gedächtnis war schon mal besser."

„Ich denke dran, Mama. Ganz bestimmt ... nicht", murmelte ich vor mich hin.

„Ach, und nimm den Rollator wieder mit."

Erstaunt sah ich zu dem Rentnerporsche, der ganz hinten in der Ecke des Zimmers stand. „Wieso? Du wolltest doch einen haben."

„Das Teil ist Mist", beschied meine Mutter mit einer wegwerfenden Handbewegung, ehe sie wieder zu ihrem Gin Tonic griff.

„Ach, wirklich? Was stimmt denn nicht daran?"

„Er ist zu langsam. Gib ihn Frau Hummel."

„Aber Frau Hummel sitzt doch im Rollstuhl!"

„Eben. Dann kann sie mal darüber nachdenken, wie das war, als sie noch einigermaßen laufen konnte, das Miststück!"

„Mutter, bitte! Sie hat doch nie was mit Papa gehabt und..."

„Ja, aber nur, weil ich Papa den Hausschlüssel versteckt hatte und er sich tagelang nicht aus dem Haus getraut hat, aus Angst, er käme nicht mehr herein."

„Ja, weil du dich geweigert hattest, ihm die Tür zu öffnen, wenn er läutet. Und das im Winter bei fünf Grad minus. Und dazu hast du ihm auch noch seinen Wintermantel versteckt."

„Allerdings. Und sein Gebiss!"

An dieser Stelle ein dringender Appell an alle Mitmenschen, besonders an alle männlichen: Achten Sie darauf, wen Sie sich als Mutter aussuchen! Es gibt da vermutlich große Unterschiede. Und es ist mitnichten so, dass Sie es hinter sich haben, wenn Sie endlich die erste eigene Bude beziehen. Im Gegenteil: Solange man zu Hause lebt, wird man wenigstens bekocht, die schmutzige Wäsche findet dankbare Abnehmer, saubere findet sich wundersamerweise immer wieder – und das auch noch schön gebügelt – im Kleiderschrank. Alles super also, da kann man über das Genörgel der Eltern schon mal hinwegsehen, über ihre völlig überzogenen Erwartungen und das totale Verkennen des eigenen einzigartigen Talents. Aber wenn man dann denkt, man sei jetzt wirklich erwachsen geworden, muss man leider feststellen: In den Augen der Eltern wird man es überhaupt nie. Nie!

Als ich den Führerschein machte: „Hach, Junge, das wurde aber auch Zeit! (Ich war gerade achtzehn.) Ein bisschen musst du allerdings schon noch üben – in diesem Schnarch-Tempo kommst du ja nie ans Ziel! Jetzt gib mal Stoff!"

Als ich meine erste Freundin hatte, steckte Mutter mir Kondome in sämtliche Taschen. Was dann wirklich gut ankam, als ich das Mädchen nichtsahnend bat, den Haustürschlüssel aus meiner Jackentasche zu holen, wobei mehrere Gummis auf dem Boden landeten. Es war unser letztes Rendezvous.

Jahre später, als ich heiratete: „Klausi, ist das denn die Richtige? Ich sag ja nichts und es geht mich auch überhaupt nichts an, aber die passt ja gar nicht zu uns!" Sie hatte tatsächlich *zu uns* gesagt: „Und die Zähne, oh Gott … Na ja, du musst ja selbst wissen, was du machst. Für mich wäre die nichts!"

Als ich zum ersten Mal geschieden wurde: „Also wirklich, Junge, was hast du dir nur gedacht! Hast du geglaubt, die Ehe ist ein Sandkastenspiel oder findet nur im Bett statt? Ich hab's dir ja gleich gesagt, dass das mit *der* nichts wird, aber du wolltest ja nicht hören."

Als ich die ersten grauen Haare bekam: „Oh Gott! Du wirst doch nicht schon graue Haare bekommen? Du musst färben, sonst glauben die Leute, *ich* wäre auch schon so alt!"

Eltern behandeln Kinder auch mit über siebzig noch so, als wären sie sieben. Sie schrecken vor keiner Peinlichkeit zurück. Öffentliche Maßregelungen wegen ungezogener Sprache: ein Klassiker. Herumzupfen an der Kleidung: fällt einem schon gar nicht mehr auf. Anspielungen auf frühkindliche Vorlieben kommen immer zur Unzeit, dann aber garantiert:

„Klausi, machst du immer noch auf die Klobrille, weil du zu faul bist, sie hochzuklappen?"

„Mama, da war ich fünf oder sechs. Ich kann mich nicht mehr daran erinnern."

„Ach ja, so ist das, er wird immer vergesslicher, mein Junge."

Der Hinweis, wie süß man mal war: unausweichlicher Bestandteil jedes Familienfestes: „Ich *liebe* ja dieses Töpfchen-Foto! Guck doch mal, Klausi, wie süß du da guckst. Dieser angestrengte, voll konzentrierte Gesichtsausdruck..."

So geht das, seit ich denken kann. Und es wird auch so weitergehen, *solange* ich noch denken kann. Vermutlich darüber hinaus. Denn ehe meine Mutter dement wird, werde ich es. Die Frau ist ja wirklich unverwüstlich. Keine Ahnung, ob es die Gene sind oder pure Boshaftigkeit. Seit über siebzig Jahren betütelt sie mich. Dabei werde ich alt und älter, während ihr der Zahn der Zeit scheinbar nichts anhaben kann. Sicher, rein optisch ist sie auch keine siebzehn mehr. Sicher auch keine siebzig. Aber sie sieht immer noch richtig gut aus, wenn man sich die Falten wegdenkt. Während unsereiner... Aber lassen wir das.

Schon klar, man kann sich die Eltern nicht aussuchen, leider. Aber man kann doch frühzeitig dafür sorgen, dass man die Anerkennung bekommt, die man verdient. Man muss nur darauf achten, dass man seine Eltern beizeiten erzieht. Mein Freund Willy zum Beispiel hat das gut hingekriegt: Wenn er zu Hause aufläuft, dann stehen die Alten stramm! Gut, er ist natürlich auch Gerichtsvollzieher, und seine Eltern sind leider notorisch überschuldet, seit sie ihm mehrere unvollendete Studiengänge finanziert haben. Trotzdem: Da erkennt man gleich die gute Elternstube.

Oder eine Kollegin aus Berlin, mit der ich seit vielen Jahren gut befreundet bin. Die hat ihre Eltern schon seit Weihnachten nicht mehr gesehen. Weihnachten 84. „Hat sich nicht ergeben", sagte sie, als ich mal fragte. „Aber die kommen gut ohne mich zurecht." Beneidenswert, das. Bei uns sieht das so aus: Weihnachten, das sind bei uns die paar Tage im Jahr, an denen ich meine Mutter mal *nicht* sehe. Weil sie nämlich einen kleinen Trip in die Karibik einlegt, um sich unter Palmen verwöhnen und den lieben Gott einen guten Mann sein zu lassen. „Weihnachten tut mir nicht gut", pflegt sie immer zu sagen. „Es macht fett, faul und müde. Nichts für mich."

Womit sie hundertprozentig recht hat. Mama ist nun mal eine Powerfrau. Ich möchte gar nicht wissen, was sie da drüben auf Jamaika oder Kuba alles anstellt.

Gerade im vorgerückten Alter ist es ja mitunter ganz schön, mal etwas mehr Post zu bekommen. Damit meine ich nicht die Wurfsendungen diverser Lotterien, die Flugblätter örtlicher Autohändler und Fitnessstudios oder die Mahnungen der Elektrizitätswerke, sondern richtige, echte Post: Briefe zum Beispiel. Oder E-Mails. Das kann Schwung ins Leben bringen, man fühlt sich gebraucht, aktiv und weltläufig.

Kann aber auch ganz anders sein: überfordernd, frustrierend und peinlich. Zum Beispiel, wenn es kommt wie bei mir.

Ich sitze bestimmt nicht immer am Fenster und gucke runter. Um so viel Zeit totzuschlagen, dafür fehlt mir schlicht die Zeit. Aber nach einer Weile guckte ich eben doch mal aus dem Fenster und beobachtete den Briefträger bei der Arbeit. Was soll ich sagen: Er sortierte geschlagene fünf Minuten Post in meinen Briefkasten. Am Schluss stopfte er einfach alles obendrauf.

Neugierig lief ich nach unten (wobei ich großzügig über Frau Schneiders pikierte Miene hinwegsah, der es wohl nicht passte, dass ich nur meine Boxershorts und Hausschuhe trug) und holte die Berge an Briefen zu mir in die Wohnung. Viel Handbeschriebenes. Umschläge in verschiedenen Pastellfarben. Hübsche Briefmarken. Post aus München, Köln, Kreuznach, Lüdenscheid, Hannover, Backnang, Moskau und Bangkok. Bangkok? Ich drehte den Brief um und stutzte. Tatsächlich, an mich adressiert. Wie sich herausstellte, schien ich es über Nacht zum Herzensbrecher der Nation gebracht zu haben. Was sage ich: der ganzen Welt! Denn es waren in der Tat auch Briefe aus Österreich, Slowenien, Iran, Sudan, Brasilien und Grönland dabei. Alle von Frauen, die sich vorstellen konnten, den Rest ihres Lebens mit mir zu verbringen.

Verdutzt und auch ein wenig geschmeichelt begann ich die Lektüre und guckte mir die vielen beigelegten Fotos an. Nach einiger Zeit stellte ich fest, dass viele der abgebildeten Frauen nach zwei oder drei Bier viel besser aussahen als vorher, und ich begann von dem einen oder anderen Abenteuer zwischen Kaukasus und Rocky Mountains zu träumen. Erst viel später begann sich in mir die Frage zu regen: Warum schreiben die eigentlich alle mir? Und warum erst jetzt? Ich meine, hey, man lebt ja schon etwas länger auf dem Planeten, da hätte die holde Weiblichkeit auch früher draufkommen können, einen mit unaufgeforderten Liebesergüssen zu bombardieren. Andererseits: Wie sind die eigentlich alle auf mich gekommen?

Es ist ja nicht so, dass man weltberühmt wäre und dass die Adresse in jedem Käseblatt des Universums nachzulesen wäre. Oder doch? Das Nächste, was ich tat, war, das nächstliegende Käseblatt herauszukramen, das *Rissener Tagblatt* (und an der Stelle will ich ausdrücklich betonen, dass Rissen ein ganz toller Stadtteil von Hamburg ist und das Tagblatt jederzeit konkurrenzfähig mit der *New York Times*!). Ein schrecklicher Verdacht hatte mich beschlichen. Konnte es am Ende sein…? Ich blätterte. Politik. Wirtschaft. Kultur. Nichts. Und dann natürlich noch die ganzen Kleinanzeigen. Gesucht und gefunden, Kfz-Markt, Haustierbörse, Partnersuche.

Partnersuche!

Ein Blitz durchfuhr mich. Denn von der ersten Seite der Singleanzeigen blickte mir mein eigenes Konterfei entgegen. Es war dieses dümmliche Bild, das meine Mutter mal auf Teneriffa von mir gemacht hatte und auf dem ich wie eine erschreckte Giraffe gucke. Geschockt griff ich zum Telefon und wählte Kurzwahl 1: Mama. Sie schien auf den Anruf gewartet zu haben, denn sie war schon dran, bevor es überhaupt geläutet haben konnte. „Klausi?"

„Mama, bitte, nenn mich nicht immer Klausi!"

„Wie geht es dir, Junge? Was machen die Knie?"

„Ach, die Knie sind natürlich… vor allem das linke… Äh, Mama, lenk jetzt nicht ab. Ich weiß, was du getan hast!"

„Um Himmels willen, Klausi, du sprichst ja, als hättest du gerade einen Horrorfilm geguckt."

„Du hast eine Anzeige für mich in die Zeitung gesetzt!"

Ein kurzes Zögern nur, aber ich konnte es nicht genau deuten. Grinste sie? Gähnte sie? Aus der Frau wird man nicht schlau. Schließlich atmete sie durch und sagte: „Hübsch, nicht wahr?"

„Hübsch? Ich glaub's nicht. Du hast das wirklich getan? Ich meine, es hätte ja ein blöder Scherz von meinem Kumpel Karl-Heinz sein können. Oder…"

„So was macht ihr? Im Ernst? Finde ich aber ziemlich kindisch, Klaus."

Ich schloss die Augen und zählte innerlich bis acht. Das soll ja helfen, um wieder runterzukommen. Brachte nichts. „Hör mal, Mama, das kannst du doch nicht machen!"

„Warum denn nicht, Klausi? Ich fand das eine richtig gute Idee."

„Ich gehe hier unter in Briefen!", jammerte ich. „Und das ist irre peinlich!"

„Ach was. Dadran ist gar nichts peinlich. Königin Silvia hat ihren Mann auch durch eine Anzeige kennengelernt."

„Quatsch, Mama, die war Hostess für den König bei Olympia."

„Hostess? Um Gottes willen! Ich wusste nicht, dass die Arme aus solchen Verhältnissen stammt. Dann war es eben die Queen."

„Die Queen kannte ihren Mann schon im Kindergartenalter."

„Wirklich? Ich dachte, auch in England wären Kinderehen …"

„Mama! Es geht hier nicht um die Queen oder sonst jemanden, sondern um mich!"

„Ja, mein Junge", sagte sie und kicherte. „Es geht immer um dich, was?"

„Das ist so was von megapeinlich."

„Ach was, papperlapapp. Was du brauchst, ist jemand, der sich um dich kümmert. Eine Frau wäre gerade das Richtige. Du bist schließlich nicht mehr der Jüngste. Gibt ja nichts Trübsinnigeres, als alleine zu Hause herumzusitzen und keine Ansprache zu haben."

„Das musst du gerade sagen." Ein Fehler. Ich hätte nicht in diese Kerbe schlagen dürfen. Auf solche Vorhaltungen hat Mama immer eine gute Antwort. „Bei mir ist das was anderes, Junge, ich bin schließlich selber eine Frau. Die braucht keinen Mann. Jedenfalls keinen, der zu Hause rumsitzt und Unordnung macht, so wie alle Männer, wenn sie erst mal in die Jahre kommen. Hast du denn überhaupt gelesen, was ich geschrieben habe?"

„Ich trau mich nicht."

„Doch, doch, lies mal. Es wird dir gefallen!"

Und ich las:

Jugendlicher Rentner (relativ unsportlich, leicht vergesslich, einigermaßen humorvoll, schnell erregbar) sucht jung gebliebene, ordentliche Partnerin zur Freizeitgestaltung. Eigenschaften wie Kochen, Nähen, Putzen, körperliche Reinlichkeit und finanzielle Unabhängigkeit sind Voraussetzungen.

In diesem Fall half Bier, wie ich schnell feststellte, gar nichts. Da musste Härteres her. Aber selbst nach drei Schnäpsen war die Anzeige für mich so was wie ein gesellschaftliches Todesurteil.

„Was hast du dir nur dabei gedacht, Mama?", stammelte ich, als ich endlich meine Sprache wiedergefunden hatte. „Das kannst du doch nicht machen! Wo ist das denn überall erschienen?"

„Och, nur in ein paar Zeitungen und Zeitschriften. Und natürlich in verschiedenen Online-Foren. Übrigens hast du morgen einen Termin am Tegernsee, um…"

Das war der Moment, in dem ich den Hörer auf die Gabel knallte und aus dem Haus rannte, um sämtliche Zeitungen und Zeitschriften zu kaufen, derer ich habhaft werden konnte.

Was soll ich sagen: Es stand in praktisch allen Medien.

Und auf allen Foren. Von „liebe-und-partnerschaft-fuers-alter.de" bis „senioren-tinder.com". Ein einziger riesiger Albtraum, aus dem ich auch nach vier weiteren Schnäpsen einfach nicht erwachte (weil ich stattdessen in einen gnädigen Schlaf fiel).

Horst Evers

Großer Bahnhof

„Ihr müsst uns ma' besuchen kommen!!!" Ich hatte Onkel Herberts Stimme noch ganz gut im Ohr. „Sollste sehn, dann machen wir hier ganz, ganz großen Bahnhof für euch. Aber ganz großen Bahnhof. Das sollste sehn!" Und Onkel Herbert hielt wirklich Wort. Mehr noch, ich glaube, nie hat jemand so dermaßen Wort gehalten wie Onkel Herbert.

Onkel Herbert war jetzt dreiundachtzig Jahre alt. Seit ein paar Jahren hörte er wohl nicht mehr so gut. Obwohl die Legende sagte, er habe ein Hörgerät, und Onkel Herbert auch ganz entschieden behauptete, er würde das natürlich tragen. Tatsächlich sei er ja außerordentlich froh, dass er das überhaupt hätte. Dennoch hatten Telefongespräche mit Onkel Herbert ihren ganz eigenen Charme:

– Hallo, Onkel Herbert, hier ist der Horst. Du, wir sitzen hier gerade und hatten überlegt, wir könnten euch doch jetzt endlich mal besuchen kommen. Was meinste?

– Wer ist da?

– Hier ist der Horst, Onkel Herbert!

– Onkel Herbert? Onkel Herbert bin ich doch wohl selber.

– Natürlich, Onkel Herbert, hier ist ja auch der Horst, der Sohn vom Erich!

– Erich? Bist du denn nicht schon tot? Ich war doch mit auf der Beerdigung. Wen haben wir denn da sonst unter die Erde gebracht?

– Ihr habt alles richtig gemacht, ich bin ja auch der Sohn vom Erich, der Horst!

– Ach, der Hans ist da. Hör mal, Hans, ihr müsst uns ma' besuchen kommen. Dann machen wir hier ganz, ganz großen Bahnhof für euch. Aber ganz großen Bahnhof. Das sollste sehn!

Nach rund zwanzig Minuten, an deren Ende ich schon langsam ein wenig heiser wurde, war es mir aber doch gelungen, Onkel Herbert irgendwie die Ankunftszeit unseres Zuges mitzuteilen. Er wiederholte sie ungefähr zwölfmal brüllend ins Telefon, bis wir beide überzeugt waren, wenigstens diese eine Information erfolgreich ausgetauscht zu haben. Unser Besuch würde sich lohnen, versprach er, wir würden staunen. Und das taten wir dann ja auch. Onkel Herbert hatte wirklich für ganz, ganz großen Bahnhof gesorgt.

Die Polizei rekonstruierte die Ereignisse, die sich unmittelbar vor der Ankunft unseres Zuges vor dem

Bahnhof abgespielt haben mussten, mit Onkel Herberts Hilfe später wie folgt: Beim, laut Onkel Herbert, unnötigen und ungewohnten neuen Kreisverkehr vor dem Bahnhof (diesen Kreisverkehr gibt es seit rund fünfundzwanzig Jahren) habe er, Onkel Herbert, wohl für kurze Zeit vergessen, wohin er eigentlich überhaupt fahren wollte. Deshalb sei er zunächst einmal in diesem Kreisverkehr verblieben, Hektik helfe ja keinem, er wollte einfach noch ein paar Extrarunden drehen, und irgendwann wäre ihm sein Ziel schon wieder eingefallen. Das sei ja nun beileibe nicht zum ersten Mal passiert. So etwas komme eben vor, wenn man schon so oft in seinem Leben irgendwohin gefahren sei wie er, Onkel Herbert.

Dann aber sei plötzlich, wie aus dem Nichts, dieser Feuerwehrwagen mit seiner, so Onkel Herbert, viel zu laut eingestellten Sirene angerast gekommen. Unter Schock versuchte der erschrockene Onkel rechts ranzufahren, was allerdings in einem Kreisverkehr nicht immer die beste Wahl ist. Dabei muss er wohl den Sattelschlepper vom Sägewerk übersehen haben, der, laut Onkel Herbert, allerdings „so dämlich aus dem Schatten rausgefahren kam, den konnte man gar nicht sehen. Keiner hat den gesehen!". Um Onkel Herberts Opel Rekord auszuweichen, musste nun dieser Sattelschlepper so scharf bremsen, dass sich sein vollbeladener Hänger quer stellte und in bedrohliche Schieflage geriet.

Für den in hoher Geschwindigkeit und mit Blaulicht auf die Kreuzung zurasenden Feuerwehrwagen war jetzt die Lücke zu, weshalb dieser mit allen Bremsen bremste, sich gleichfalls quer stellte und mit quietschenden Reifen auf den schon wackligen Sattelschlepperhänger zuschlitterte. Allerdings konnte der hervorragende Feuerwehrwagenfahrer durch geschickte Lenkbewegungen die Geschwindigkeit immerhin noch so verringern, dass der Aufprall relativ sanft erfolgte und niemand ernsthaft verletzt wurde, ja sogar der Hänger des Sattelschleppers hielt noch gerade so die Balance, weshalb also alles noch mal gut gegangen wäre – wäre nicht der mittlerweile völlig verwirrte Onkel Herbert nun nach einer weiteren Runde im Kreisverkehr krachend in den Feuerwehrwagen reingerauscht, was auch dem Sattelschlepperhänger den finalen Stoß versetzte, sodass dieser nun wie in Zeitlupe kippte und seine rund dreißig großen, schweren Baumstämme auf Kreisverkehr und Straße polterten.

So weit, so gut.

Hieraus ergaben sich verschiedene Probleme. Einmal brauchte der Einsatzwagen der Feuerwehr jetzt für sich selbst wieder einen Rettungswagen und auch noch einen weiteren Feuerwehrwagen für den eigentlichen Zielort, den kleinen Brand in der Reifenfabrik, der aber nicht mehr erreichbar war, da der einzige Zufahrtsweg nun durch mehrere riesige Baumstämme blockiert war. Zu diesen wiederum kam aber auch kein Kran oder Gabelstapler vom Sägewerk durch. Zudem trafen die restlichen Polizei- und Krankenwagen ein, die ebenfalls zum Brand in der Reifenfabrik wollten und mit dem normalen Berufsverkehr nun hupend auf der blockierten Kreuzung standen. Mehr und mehr eingehüllt vom Qualm der brennenden Reifenfabrik. Ein dunkler Qualm, der noch für eine zusätzliche Beunruhigung unter den wartenden Verkehrsteilnehmern sorgte, welche sich wohl nur durch massiven Einsatz aller verfügbaren Hupen bekämpfen ließ, was der eigentlich beschaulichen Kleinstadt immerhin plötzlich eine erstaunliche Weltläufigkeit und Urbanität verlieh.

Der polizeiliche Befehl, die bestuhlte Gartenterrasse des Bahnhofshotels räumen zu lassen, um den gesamten Verkehr über diese Terrasse, also quasi den Garten des Hotels, umzuleiten, wurde später übrigens heftig kritisiert. Vor allem vom Inhaber des Hotels, erst recht, da auch noch sein verfeindeter Bruder, der das andere große Hotel der Stadt besitzt, als er von der Umleitung gehört hatte, sofort mit seinem Privatwagen dorthin gerast war, um auch über die Terrasse zu fahren, dabei aber vermeintlich versehentlich kurzzeitig die Kontrolle über sein Fahrzeug verloren und das gesamte Blumenbeet des Hotels umgepflügt hatte. Diese Szenerie nun bot sich uns beim Aussteigen aus dem Zug. Onkel Herbert hatte wirklich Wort gehalten. Das war ganz, ganz großer Bahnhof. Später bekam Onkel Herbert noch ein bisschen Probleme, als er wegen des ganzen Schlamassels den Führerschein abgeben sollte und sich dabei herausstellte, dass er nie einen besessen hatte: „Führerschein hab ich nicht. Was soll der Quatsch? Hab ich nie gebraucht! Hat nie einer gefragt. Ich fahr seit sechzig Jahren unfallfrei! Mich kennen doch hier alle, was brauch ich denn da einen Führerschein?" Sodass er jetzt eigentlich minus einen Führerschein hat, also genau genommen einmal den Führerschein machen müsste, um dann wieder keinen Führerschein mehr zu haben.

Als ich ihn später fragte, warum er denn in dem ganzen Chaos auf der Kreuzung eigentlich so ruhig stehen und lächeln konnte, erklärte er mir: „Ach, weißt du, als ich das gesehen hab, wie der Sattelschlepperhänger langsam kippt, da dacht ich schon: oh, oh, oh, oh, oh, das kann richtig Ärger geben. Aber sogar richtig großen Ärger! Da mach mal jetzt lieber dein Hörgerät aus." Und genau deshalb ist er, glaube ich, auch so froh, dass er das hat.

Ellen Jacobi

Rentner günstig abzugeben

Sein Herz wagt einen zaghaften Freudenhüpfer. So was, dass es das noch kann! Helmut erlaubt sich ein krumm-seliges Griemeln. *Wunder gibt es immer wieder*, summt Katja Ebstein in ihm und nimmt vor seinem inneren Auge Gestalt an – in ultraknappem Minirock, wallendem Maximantel und silbernen Glamrockstiefeln. Ganz wie weiland 1970, als sie beim Grand Prix in Amsterdam zumindest optisch die höchste Punktzahl erreichte.

Nicht, dass er Katja Ebsteins Schlager sonderlich schätzt, aber ungefähr so wie die Ebstein hat Nicoletta früher ausgesehen. Ein Mädchen wie ein Blitzeinschlag. Sie schien nur aus Haaren und Beinen zu bestehen, ein Rotschopf mit großen grasgrünen Augen war sie ebenfalls. Die dürften ihr geblieben sein – oder?

Hoffentlich postet sie bald ein Bild. Er will da nicht drängeln, Frauen sind in Fragen des Alterns bekanntlich heikel, aber sein Foto hat sie schon. Mit gestutztem Vollbart, schlohweißer Mähne, Schlips, Kragen, Sonntagslächeln und überreichlich Wetterfalten hat er im Drogeriemarkt zwischen Tiernahrung und Gesundheitstee Porträt gesessen. Der Kodak-Automat hat die zerfurchte Wahrheit biometrietauglich ausgespuckt. Sie hat Nicoletta nicht abgeschreckt. Im Gegenteil mailt sie nun fast täglich, und es gibt niemanden mehr, der ihre Post an ihn und seine an sie abfangen kann – wie damals im fromm vermuckten Wermelskirchen.

Egal und vorbei. Alte Liebe rostet nicht. Nicht seine und vor allem nicht so eine. Er war sein Leben lang ein rastloser Streuner, aber auch ein treuer Hund. Wenn es um das größte aller Gefühle geht, war er immer schrecklich unmodern. Von Jugend an. Häufig ist er der großen Liebe freilich nicht begegnet, streng genommen nur zweimal.

Zum letzten Mal auf Kreta. Helmut blendet die Sonnenbilder der ersten Begegnung mit Penelope aus, bevor deren jäher Tod sie wieder eintrübt, und zoomt alte Schulhofszenen von erstaunlicher Schärfe heran. Er sieht sich als Teenager und Milchbart neben Hildchen Trautwetter, seiner besten Freundin, auf einer Bank sitzen, um Geheimnisse, Albernheiten und Brote zu tauschen. Dabei hat ihn die Liebe zum ersten Mal erwischt! In Gestalt von Nicoletta, dem Blitzschlag, dem Schulschwarm. Das vergisst man nicht. Noch weniger die heimlichen Küsse hinter dem Hausmeisterkiosk. Seine ersten Küsse überhaupt.

Sentimentaler Hund!, ruft Helmut sich zur Ordnung. *Vor der Liebe kommt die Pflicht.* Und das Geldverdienen. Dank Finesse, Facebook und ein paar Kleinanzeigen hat er nicht nur Nicoletta und alte Seekameraden wieder aufgespürt oder ist – wie im Fall vom guten alten Hildchen Trautwetter – gefunden worden, er hat sich auch reichlich Minijobs an Land gezogen.

Schließlich will er Nicoletta, die finanziell in Bedrängnis geraten zu sein scheint, mehr als seine karge Seemannspension bieten, wenn er sie demnächst, hoffentlich bald, trifft. Zum ersten Mal nach fast fünfzig Jahren!

Sein Neffe Alexander hatte ausnahmsweise recht: Das Internet schafft in jedem Alter grenzenlose Möglichkeiten. Gut, dass er dem nassforschen Spund gestattet hat, den Computer-Kladderadatsch hier oben in der Mansarde für ihn einrichten zu lassen. Samt Smartphonegedöns, Laptop, Freisprechanlage und Headset für die telefonische Logistik und seine Heimarbeiten.

„Homeoffice-Jobs per Inboundcalls", nennt Alexander das. Der Junge kennt sich aus in Sachen Web und hat Helmuts virtuelle Angebote im Google-Ranking geschickt nach oben manipuliert. Alexander macht richtig dickes Geld mit irgendwelchem Softwarequatsch und damit ihrem gemeinsamen Familiennamen – Gier – alle Ehre. So wie schon sein Vater, Helmuts Bruder, und davor sein Großvater, also Helmuts Vater. Kaltherzige Geldscheffler und Raffzähne vom Stamme Nimm waren das. Leider kommt Alexander – obwohl früher ein reizender Bengel – inzwischen ganz nach denen.

Nur er, Helmut Gier, ist aus der Art geschlagen. *Ist auch besser so,* findet Helmut und hebt das Sieb aufs Abtropfblech. In seiner kurzen Phase als erfolgreicher Gastronom und Clubkönig auf Kreta hat er nur schlechte Erfahrungen gemacht. Nichts zerstört den Charakter mehr als Geld. Gier ist nichts anderes als fehlgeleitete Sehnsucht, wie seine Familie immer wieder aufs Schönste bewiesen hat.

Helmut greift zu einem Löffel, schmeckt kurz die Suppe ab. Donnerlittchen, Schweinerippchen! Hat schon richtig Wumms, seine Brühe. Das kommt vom Ochsenschwanz, der nun im Sieb ausdampft. Madame Lambert legt heute wieder Wert darauf, *un peu malade* zu sein und nur Schonkost in Form von Kraftbrühe zu vertragen. „Und abends Seezungenröllchen in Zitronenbutter."

Pünktlich um halb zehn wie jeden Morgen hat sie telefonisch ihre Essensbestellung bei ihm aufgegeben. Mit einer Stimme fragil wie Glas.

Angesichts der halben Flasche Lillet mit Kirschwasser, die sie gestern Abend nach eigenem Bekunden mit einer Freundin verkümmert hat, und ihres Alters von fast 86 Jahren muss man sich über eine gewisse Zerbrechlichkeit am Morgen danach nicht wundern. Madame Lambert, verarmt geborene Freiin Anike zu Polwitz und Diva aus Leidenschaft, zwitschert sich gern einen und macht hernach das meiste und Beste aus jedem Anflug von Unwohlsein – ob eingebildet oder echt. Als geschiedene Gattin eines französischen Botschafters, die in der ganzen Welt zu Gast war und an dienstbare Boys, Chauffeure, Haushälterinnen und Kindermädchen gewöhnt ist, lässt sie sich völlig schamfrei betüddeln.

Ihren Hang zu Schnaps und Likör und das Talent zum genüsslichen Krankfeiern hat sie sich – so mutmaßt Helmut – nach ihrer unschönen Scheidung vor zwanzig Jahren angeeignet. Neben der halben französischen Diplomatenpension ihres Ehemaligen und einem Jugendstil-Mietshaus in Klettenberg. Einem Viertel, in dem es von betuchten älteren Damen zu wimmeln scheint und wo sie einst das Licht der Welt erblickte.

Aller Malaisen zum Trotz ist Madame zäh wie Ziegenleder und eine unverwüstliche Kämpferin, die kein Scharmützel scheut – was Helmut imponiert, auch wenn er dem Gefecht oft zum Opfer fällt. Madame Lambert wird ihn gewiss um Jahre oder gar ein Jahrzehnt überleben.

Na, noch lebt er und hat gut zu tun. Das Bügelbrett wartet, und die Brühe muss zum Reduzieren auf den Herd. Helmut streift sich Backhandschuhe über, hievt den heißen Topf vom Abtropfblech und will ihn gerade mit Schwung zurück zum Herd tragen, als ihn mit noch mehr Schwung, Fanfarenton, schmetternden Trompeten und Trommelgerassel ein Infanterieregiment samt Musikkorps ins Stolpern bringt.

Heiliges Kielschwein, ist das laut!

Kein Wunder. Das Regiment marschiert in Surround-Sound mitten durch beide Gehörgänge. Eine ganze Strophe lang. Dann legt es eine Verschnaufpause ein. Helmut knallt den Topf auf den Tisch und haut sich mit dem rechten Backhandschuh aufs Ohr. Dieses vermaledeite Headset, das sein Neffe Alexander ausgesucht hat, macht Telefonieren mitunter zum akustischen Alb-traum. Warum hat er alter Esel eigentlich die *Marseillaise* als Klingelton für Madame Lamberts Anrufe gewählt? Helmut beantwortet sich die Frage gleich selbst: weil Frankreichs Nationalhymne zu dieser frankophilen Henne passt und er am Klingelton erkennen muss, wer anruft, um sich entsprechend zu melden. Wahlweise als Madame Lamberts Personal Caterer, als Callcenter-Mitarbeiter für TV-Shoppingprodukte, als Tarot-Online-Berater oder als Chef und einziger

Mitarbeiter seines „Haushaltsservice Heinzelmänn-
chen". Der läuft dank Mund-zu-Mund-Propaganda
via Madame Lambert und seiner Kleinanzeige im
Wochenblatt – Stichwort „Rentner günstig abzuge-
ben" – beim Klettenberger Witwenzirkel bombig. Fast
so gut wie die Wahrsagerei, für die er zudem im öffent-
lichen Bereich seines Facebook-Profils wirbt.

Madames Musikkorps nimmt erneut Anlauf. Verdammt, er hat den Abschaltknopf nicht getroffen! Helmut reißt sich die Handschuhe von den Händen und
drückt auf den Empfangsschalter am Ohr.

„Madame?", meldet er sich fragend und zieht das
schwenkbare Mikrofon dichter an seinen Mund.

„Mir fiel ein", zwitschert es am anderen Ende der Lei-
tung, „dass ich nach der Consommé gerne ein kleines
Dessert hätte. Nichts so Aufwendiges wie damals auf
unserer lieben *Arcadia*", sinniert Madame, „*seulement
quelque chose de doux avec vanille*. Sie kennen mich,
nur kein Chichi." *Irgendetwas Süßes mit Vanille und
kein Chichi* – soso. Darauf fällt er nicht mehr rein. Mit
Vanillepudding etwa darf man ihr nicht kommen.
Dabei ist sein selbst gekochter Pudding Weltklasse. Er
hat ihn im Kühlschrank immer auf Vorrat und schlägt
Madame Lavendelcreme vor. Dafür muss er den Pudding nur mithilfe von Bunsenbrenner und Rohrzucker

flambieren und mit Lavendelblüten aufpeppen. Die wird er aus einem Tütchen von Madames Beruhigungstee rausfrieseln. Fertig ist der Lack. Aber Madame ist noch immer unzufrieden.

„*En français, s'il vous plaît*", verlangt sie eine französische Bezeichnung für das von Helmut avisierte Lavendeldessert. Er kratzt sich ein „*Crème brûlée à la lavande*" zusammen.

„*Parfait*", pariert Madame.

„Halbgefrorenes? Das dauert aber entschieden länger", warnt Helmut.

„Ich meinte ‚perfekt' wie ‚vollkommen', nicht ‚Parfait' wie ‚Eiscreme', *mon cher*", kontert Madame. Ihr *mon cher* übersetzt Helmut im Stillen, wie es gemeint ist – mit „Trottel". Ein Wort, das sie als ehemalige Diplomatengattin nie in den Mund nehmen würde, sie beleidigt auf gehobenem Niveau.

„Ihr Französisch war auf der *Arcadia* wesentlich besser", befindet Madame. „Ihr charmanter Wiener Akzent übrigens auch, man hört ihn so gar nicht mehr."

Sie legt grußlos auf. Das ist die Höchststrafe.

War sie damals als Gast an Bord der *Arcadia* wohl auch so ein verwöhnter, starrsinniger Snob?

Helmut zuckt mit den Schultern und stellt den Rest Suppe zurück auf den Herd. Er erinnert sich nur dunkel an seine kurze Episode auf dem Luxusliner und überhaupt nicht an Madame. Schließlich war er 1969 nur als *Commis de Cuisine* – zu Deutsch: als Topfspüler und zum Gemüseschnippeln – an Bord. Tief im Bauch des Schiffes und meilenweit entfernt vom Erste-Klasse-Deck, wo Madame damals nebst ihrem Diplomatenheini logierte. Er war für sie somit vollständig unsichtbar. Was Madame nicht davon abhält, ihn für ihren damaligen Kellner zu halten, der offenbar Österreicher und im Charmieren so begabt wie im Französischen war. Weshalb sie ihn penetrant mit Franz-Josef anredet und nach zwei, drei Lillets mit „Ach, Franzl".

Die Verwechslung ist kein Anzeichen altersbedingter Vergesslichkeit, sondern der Tatsache geschuldet, dass Madame, sobald sie sich etwas in den Kopf setzt, stur daran glaubt. Sie ist ohnehin am liebsten ihrer eigenen Meinung.

So viel entspricht immerhin den Tatsachen: Im Mai 1969 hatte er wegen einer Jobflaute im Frachtverkehr auf einem Luxusliner der britischen Reederei Peninsular & Oriental Steam Navigation Company – kurz P&O – angeheuert. Auf der Transpazifik-Route London-Australien. Die *Arcadia* war ein schnittiges Schiff, außen und innen elegant und majestätisch wie ein Schwan.

Trotzdem hat er nach der Tour frohen Herzens abgemustert. Ein Job als erster Koch auf einem Schiff für echte Kerle lockte. Ohne Serviceoffiziere in schnöseligen Uniformen mit Epauletten und dem Gehabe von Luftwaffengenerälen. Bärbeißige Teerjacken, Brikettgestank und fliegende Pfannen in einer Frachterkombüse waren mehr nach seinem Geschmack. Also ist er unter Mitnahme von ein paar *Arcadia*-Souvenirs – alte Menükarten, Besteck und zwei Eierbecher mit *Arcadia*-Schriftzug – von Bord gegangen. Genau dieses Logo hat Madame im März dieses Jahres bei einem Sonntagsbummel über den Klettenberger Flohmarkt in helles Entzücken versetzt.

Hinter seinem Trödeltisch hockend hat er ihren Erinnerungen an die *Arcadia* gelauscht und sich als ehemaliges Crewmitglied vorgestellt, woraufhin Madame ihn spontan als „Franzl" erkannt und Menükarten, Besteck und Eierbecher als Memorabilien erworben hat – und ihn gleich mit dazu.

Helmut leckt den Zeigefinger an und legt ihn prüfend ans Bügeleisen. Temperatur stimmt. Mit spitzen Fingern greift er sich einen von Witwe Käsmachers Großraumschlüpfern und streicht ihn auf dem Bügelbrett glatt. Vier Unterhosen und einen Stapel Taschentücher später bimmelt sein Headset erneut. „Das bisschen

Haushalt", trällert eine Stimme den Uraltschlager von Johanna von Koczian in sein Ohr.

Eine TV-Homeshopperin wünscht Informationen zum 24-teiligen Keramikmesserset „Klingon" mit Japanschneide und zum Mikrowellenreiniger „Saubere Sonja", einem mit Essigwasser befüllbaren Plastikpüppchen, das sich neckisch das Näschen zuhält.

Es ist eine sehr gesprächsfreudige Kundin, die sich mit ihrem Haushalt ziemlich zu langweilen scheint, merkt Helmut, während er die Saubere Sonja verbal auseinandernimmt und von japanischer Messertechnik schwärmt. Unter Einflechtung seiner als Chef de Cuisine bei der Handelsmarine in Japan erworbenen Kenntnisse mit asiatischen Messern. Seemannsgarn kommt bei älteren Damen gut an und veranlasst die Anruferin, ihre liebste *Traumschiff*-Folge mit Klaus Jürgen Wussow und Udo Jürgens an Bord zu rekapitulieren. Kapitänsdinner inklusive.

Immerhin bestellt sie die Japan-Messer und ein Set Bratfix Pfannenschoner in Herbsttönen. Drei Anrufe und sieben Bestellungen später ereilt Helmut eine gewisse Schläfrigkeit. Zeit für frische Luft und den Markt. Er will sein Headset gerade ablegen, als es darin wieder summt. Mitten hinein in drei wuchtige Viertelstunden-Schläge von St. Bruno.

Verärgert drückt Helmut auf Empfang: „Herzlich willkommen bei *Homeshopping Happy Hausfrau*, Helmut am Apparat, womit dürfen wir Ihr Leben leichter machen?"

Am anderen Ende raschelt es, dann folgen Geklapper und ein dumpfer Knall. Es klingt, als fiele jemandem der Telefonhörer aus der Hand. Endlich meldet sich eine ältliche weibliche Stimme. „Bin ich da nicht bei *Drittes Auge – Tarot für alle Lebenslagen*?"

Helmut beißt sich auf die Lippen. Böser Patzer, er hat die Klingeltöne verwechselt. Lag an dem dämlichen Glockendröhnen.

„Oh, kleiner Leitungsfehler. Ich werde Sie sofort zu den Kollegen weiterschalten. Hervorragendes Team. Bleiben Sie dran", rettet sich Helmut hastig und hofft, dass dieses Gespräch nicht zwecks Überprüfung der Servicequalität mitgeschnitten wird. Er drückt zweimal kurz für die Begrüßungsansage von *Drittes Auge – Tarot für alle Lebenslagen*.

Er hechtet zum Laptop, ruft sein Online-Tarot-Programm auf und nimmt auf dem Bürostuhl Platz. Wieder drückt er auf Empfang und meldet sich sodann mit sonorer Bassstimme als „Sandalphon, Ihr Tarot-Berater in allen Lebenslagen. Einfühlsam, seriös und anonym. Wie lauten Ihre Fragen?".

Rosa Schmidt

Vielleicht wird es ja noch juxig

Montag, 1. Januar
Himmel, bin ich gerädert. Dabei war es gestern doch gar nicht so spät. Wir können auch nichts mehr ab. Wie spät ist es? 16 Uhr? Ach so, das geht ja, ich mach die Augen noch mal zu. Hach, tut das gut.

Eine Sekunde später
16 Uhr???

Dienstag, 2. Januar
Ich komme immer noch nicht darüber hinweg, dass ich gestern wirklich bis 16 Uhr geschlafen habe. Letztes Jahr am 1. Januar war es noch 15 Uhr. Bitte, wo soll das hinführen? Günther, Ingenieur im Ruhestand, aber immer noch im Herzen Vollblutmathematiker, hat das mal hochgerechnet: Wenn wir so weitermachen und pro Jahr eine Stunde dazukommt, werden wir mit 80 den kompletten 1. Januar durchratzen und erst am 2. aufwachen. Wirklich, es wird jedes Jahr schlimmer. Bisher haben wir es immer auf äußere Faktoren geschoben, warum wir nach Silvester so gerädert waren. Bier auf Wein,

das lass sein! Die Männer haben irgendwann Zigarre geraucht! Klar, das geht doch sofort auf die Bronchien! Großes Glas Sekt um 12! Und, und, und…

Aber machen wir uns nichts vor: Es liegt an unserem Alter. Schlicht und ergreifend. Günther wird dieses Jahr 67, ich 65. Und: Wir sind Rentner. Kurzfassung der letzten drei Jahre, nachdem Günther während des Frühstücks den verhängnisvollen Satz „Ich gehe in Rente" sagte:

Das erste Jahr verbrachten wir in einer Schockstarre. Von hundert auf null über Nacht. Das verkraftet keiner so schnell. Kein Mann, der bis dato Workaholic war. Und keine Ehefrau, die plötzlich einen Rentner zu Hause hat – und zwar in Vollzeit. Am Anfang lief Günther mir wie ein junger Hund hinterher, vergaß manchmal absichtlich etwas in der Stadt, nur um noch einmal lostingeln zu können (glaube ich zumindest), und bügelte – ich traute meinen Augen nicht – Handtücher und Unterhosen. Ich sag ja: Wir waren in einer Art Schockstarre beziehungsweise wir hangelten uns von einer Arbeitsbeschaffungsmaßnahme zur nächsten. Zum Glück bekam Günther nach ein paar Wochen einen Bandscheibenvorfall. O Gott, habe ich gerade wirklich „zum Glück" geschrieben? Es klingt wahrscheinlich gemein, aber ich möchte fast sagen, dass dieser Bandscheibenvorfall ein Geschenk des Himmels war! Plötzlich war Günther beschäftigt! Er ging zweimal die Woche zur Rücken-Rehabilitation und saß zu Hause stundenlang zufrieden wippend auf einem Gymnastikball. Wie sagt man so schön? Das Leben hatte wieder einen Rücken, hihi.

Im zweiten Jahr – wir hatten uns inzwischen mit dem Rentner-Dasein angefreundet – überkam uns ein gewisser Aktionismus, und wir buchten uns einmal quer durch das VHS-Programm. Kochkurs „Mediterrane Küche", Discofox-Kurs, Golf-Schnupperkurs und, und, und. Im dritten Jahr trudelten unsere Aktivitäten zwar langsam aus, doch wir schlitterten prompt in das nächste Vollzeitprogramm: Wir entdeckten nämlich das Internet. Julia – unsere Tochter – hatte uns ein Tablet geschenkt, und obwohl ich dem ganzen Technikkram am Anfang überhaupt nichts abgewinnen konnte, fühlte ich mich nach kurzer Zeit wie Boris Becker in dieser Werbung, in der er vor dem Computer sitzt und fassungslos stöhnt: *„Ich bin drin."*

Nun, Günther und ich sind auch drin, aber wie! Seit einem halben Jahr gehen wir nun zweimal die Woche in einen (Rentner-)Computerclub, wir sind bei Facebook (einmal hat Günther die Einladung zu unserem Grillen öffentlich bei Facebook gepostet. Fragen Sie nicht … es war ein Albtraum! Seitdem klappt aber alles reibungslos), und: Ich habe eine eigene E-Mail-Adresse! Mit Julia schreibe ich viel hin und her, und meine alten Klassenkameraden von früher sind in unserem Mail-Verteiler auch ganz fleißig dabei. Wenn mir das jemand vor einem Jahr gesagt hätte, hätte ich ihn für verrückt erklärt. Ach, und ich zeig Ihnen mal was. Moooooment, hier haben wir's: 😄 ☎ 💅 Sind die nicht süß?! Ich lieeeeebe Emojis!

Wo war ich stehen geblieben? Ach ja, bei Silvester. Dieses Jahr haben wir bei Kurt und Irene gefeiert. Kurt und Günther waren Arbeitskollegen, und seitdem Kurt vor einem Jahr auch in Rente gegangen ist (wir sind den beiden zwei Jahre voraus), haben wir richtig viel Kontakt.

Letztes Jahr rief Irene mich gefühlt alle zwei Tage an, und in etwa lief jedes „Gespräch" so ab:

Irene: „Kurt hat mich gerade zum dritten Mal innerhalb von einer Stunde gefragt, ob wir noch was von Lidl brauchen."

Ich: „Das ist normal."

Irene: „Kurt will unbedingt die Fenster putzen. Dabei soll es doch morgen wieder regnen."

Ich: „Das geht vorbei."

Irene: „Kurt hat für 150 Euro ein Vogelhaus gekauft."

Ich: „Das ist normal."

Irene: „Kurt blättert seit einer Stunde im Duden. Im Duden!"

Ich: „Das geht vorbei."

Ich sag Ihnen, ich kann bald eine Rentner-Hotline aufmachen! Wie ein Buddha würde ich auf verzweifelte Ehefrauen einreden und ihnen Mut zusprechen. *Rosa Schmidt: Sie nannten sie einen Guru.*

Zurück zu Silvester. Eigentlich wollten Ute (meine beste Freundin) und ihr Mann Wolfgang auch kommen, doch die beiden hat es voll erwischt. Seit dem 29. Dezember liegen die Armen mit Magen-Darm flach. Ute wollte bis zur letzten Sekunde nicht wahrhaben, dass ihr Platz an diesem Abend im Bett anstatt an Irenes Esstisch sein würde.

„Sooooooo ansteckend ist Magen-Darm gar nicht", maulte sie. „Wir waschen uns auch immer die Hände. Wirklich, Rosa, wir fühlen uns schon ganz...", sie stockte, „wirklich, es geht bergauf. Ich spüre das."

Am Anfang habe ich noch versucht, ihr durch die Blume zu verklickern, dass es vielleicht keine so gute Idee wäre zu kommen, wenn man krank ist (noch dazu mit so einem Magen-Darm-Virus!), doch als Ute ernsthaft fragte, wie weit denn die Toilette vom Esszimmer entfernt sei („ich kenne ja die Räumlichkeiten bei Irene nicht"), platzte es ganz direkt aus mir raus: „KOMMT BITTE NICHT!!!"

„Du hast ja recht", sagte sie kleinlaut. „Aber es wäre schon schön gewesen. Großer Gott, ich ruf dich gleich noch mal an. Es kommt wieder …" Aufgelegt.

Es war das erste Jahr, dass wir mit Kurt und Irene gefeiert haben, aber schon jetzt steht fest: Wir werden uns fortan immer über den Jahreswechsel bei ihnen einquartieren. Das gesamte Haus war mit Luftschlangen geschmückt. Schon auf der Anrichte im Flur standen vier kleine süße Schornsteinfeger aus Marzipan, im Wohnzimmer baumelte quer durch den gesamten Raum eine bunte Girlande, in den Blumentöpfen auf den Fensterbänken steckten kleine Raketen aus Pappe. Dazwischen entdeckte ich neun schmale Vasen in Neongelb, auf denen in schwarzen Buchstaben „S", „I", „L", „V", „E", „S", „T", „E" und „R" stand.

„Irene!", brachte ich atemlos hervor. Ich fühlte mich wie in einem amerikanischen Spielfilm. Mit offenem Mund ließ ich die Atmosphäre auf mich wirken, als ich plötzlich in einer Bambusschale zwei Haarreifen entdeckte, an denen übergroße, rosafarbene, glitzernde Hasenohren befestigt waren.

„Irene!", rief ich wieder und zeigte auf die Haarreifen. „Vielleicht wird es ja noch juxig", kicherte sie und zwinkerte mir zu.

Ich glaubte zwar nicht, dass wir die jemals in diesem Leben aufsetzen würden, aber eins musste man Irene lassen: Sie hatte das Motto „Silvesterfeier" bis ins letzte Detail durchdrungen. Der Esstisch toppte dann noch einmal alles. Auf der gesamten Fläche standen dicht an dicht kleine Schüsselchen mit allen möglichen Leckereien. Vier verschiedene Gläser für jeden waren ein untrügliches Signal, dass die beiden Größeres mit uns vorhatten. Und in der Mitte thronte das eindrucksvollste Raclette-Gerät, das ich je gesehen habe. Es hatte drei (!) Stockwerke für jeweils acht

Pfännchen, es gab eine große Grillplatte und darüber einen Fondue-Topf. Jetzt war es Günther, der atemlos hervorbrachte: „Kurt!" (Mit technischen Geräten kriegst du einen Ingenieur immer!)

Während Irene und ich die Getränke aus der Küche holten, versammelten sich die Männer ums Feuer… äh… den Raclette-Thron. Immer wenn ich ins Wohnzimmer kam, schnappte ich Bruchstücke von Kurt auf. „…Grillplatte aus Alu-Guss…", „…Chromstahlgriffe…", „…kannst du alles stufenlos regulieren…", „…der bringt 1400 Watt auf die Kette…". Günther stand in Denkerpose mit gesenktem Kopf und Zeigefinger am Mund daneben und kommentierte mit ernster Miene. „Hut ab." „Stark." „Alle Achtung." Man hätte meinen können, Kurt habe ihm ein neues Raumfahrtprojekt vorgestellt.

„So, nun setzen wir uns aber mal", unterbrach Irene die fachsimpelnden Ingenieure a. D. „Jetzt geht's an die Tisch-Grillade."

„Tisch-Grillade?" Ich musste lachen und zwickte Günther in die Rippen. „Wir sind hier bei Profis eingeladen."

Es stellte sich heraus, dass der Verkäufer im Laden 20 mal das Wort „Tisch-Grillade" benutzt hatte („dabei haben wir bei den ersten ja noch gar nicht mitgezählt") und es seitdem ein geflügeltes Wort bei den beiden ist. „Na, dann", sagte Günther feierlich und erhob sein Glas in die Runde: „Auf die Tisch-Grillade – und einen schönen Abend!"

Wir waren gerade jeder bei der sechsten Pfanne (ab heute wird definitiv abgespeckt!), als Kurt und Irene verräterische Blicke austauschten. Kurt nickte Irene aufmunternd zu, woraufhin Irene sich räusperte und bedeutungsschwer sagte: „Wir müssen euch was sagen." In meinem Kopf fing es sofort an zu rattern. Was um Himmels willen wollten sie so offiziell ankündigen? Schwangerschaft fiel aus, ebenso wie Hausbau oder Hochzeit. (Klassische „Wir-müssen-euch-was-sagen"-Themen.)
„Nun sagt schon!", stieß ich hervor.
Irene räusperte sich wieder, sah zu Kurt rüber und sagte schließlich: „Wir fahren nach Patagonien."

Es folgte: der aberwitzigste Reiseplan, von dem ich jemals gehört hatte. Nicht einmal diesem langhaarigen Naturfilmer, der dauernd in Talkshows sitzt, hätte ich ihn zugetraut. Geschweige denn Irene, die so abenteuerlustig ist wie ich. Also gar nicht. Mit offenem Mund hörten Günther und ich uns an, was die beiden sich vorgenommen hatten: Ihre Nichte Marlene macht gerade ein Auslandssemester in Buenos Aires (was die jungen Leute heutzutage alles so machen!), und am Telefon hatte sie irgendwann gefragt, ob Kurt und Irene sie nicht abholen wollten; ihre Eltern, also Irenes Schwester plus Mann, hatten sie nämlich schon hingebracht.

Die Idee habe sich dann verselbstständigt, und ehe sie es sich versahen, hatten sie eine Rundreise gebucht: Sie würden nach Buenos Aires (Irene hat furchtbare Flugangst! Was um Himmels willen hat sie genommen?!?) und dann weiter mit einem Inlandsflug (!) in den Süden des Landes fliegen. Von dort aus geht es mit dem Bus quer durch das ganze Land. In 22 Tagen. Von irgendwelchen Wanderungen war die Rede und von „Basislagern" (!). „Klingt jetzt anstrengender, als es ist", versicherte Kurt. „Die Reise hat nur zwei Stiefel." Irene ergänzte mit einem Strahlen über das ganze Gesicht: „In der Einheit misst der Veranstalter den Schwierigkeitsgrad. Süß, oder?" Schemenhaft hörten wir noch was von irgendwelchen Pinguinkolonien und „subantarktischen Vogelwelten".

„Und wann geht es los?", fragte ich schließlich fassungslos.

„Am 12.", kicherte Irene überdreht. „Man muss auch mal was riskieren!"

Günther und ich sahen uns immer noch ungläubig an. Die meinten das wirklich ernst. Kurt beendete schließlich die Stille mit den Worten: „Ich glaub, wir haben uns jetzt alle einen Schnaps verdient."

Es kam, wie es kommen musste.

Pünktlich um elf hatten wir alle einen im Kahn. Irene und ich setzten uns die Hasenohren-Haarreifen auf, Günther schoss mit dem Handy Fotos, wie wir Grimassen schnitten, und Kurt prostete: „Auf die Grillade!"

Pünktlich um zwölf fielen wir uns in die Arme und stießen mit einem Glas Sekt an. Kurz darauf piepte mein Handy mehrfach hintereinander.

„Drei neue Nachrichten" stand auf dem Display.

Von Julia: „mama, ich bin betrunkn und habe lars geschrben dasss ich in ihn verliebrt bin. es ist alles albtraum. was mach ich jetzt nurrrrrr"

Von einer unbekannten Nummer: „Liebe Rosa, lieber Günther, diese Zeilen schreibt dir Schwester Marianne für uns. Wir wünschen euch ein schönes neues Jahr. Bis bald. Eure Lotti und Wilhelm. Ende."

Von Ute: „Frohes Neues, ihr Lieben! Seid froh, dass wir nicht mitgekommen sind. Kommen nicht vom Klo runter. Ist noch schlimmer geworden. LG U&W"

Amelie Fried

Pfeifen, Kreischen, In-Ohnmacht-Fallen

Ich schäme mich zwar ein bisschen, aber ich gebe es zu: Im Alter von zehn Jahren schwärmte ich für Heintje, diesen dicklichen holländischen Jungen, der mit durchdringender Stimme „Maaamaaa" schmetterte, bis alle Mütter in Tränen schwammen. Meine nicht, die fand Heintje grässlich und hüllte sich in nachsichtiges Schweigen. Ich klapperte nach der Schule sämtliche Supermärkte meiner Heimatstadt Ulm ab und kaufte Bananen, weil die Firma Chiquita auf die geniale Idee gekommen war, mit jedem Pfund gekaufter Früchte eine Heintje-Plakette aus Blech zu verschenken. Bei uns zu Hause sah es also bald aus wie im Affenhaus, überall Bananen, die langsam verrotteten. Und in meinem Zimmer an der Wand unzählige Heintje-Blechplaketten.

Meine Mutter atmete hörbar auf, als ich Heintje vergaß und begann, für die Beatles zu schwärmen, später für die Rolling Stones und andere Rockbands. Endlich durfte ich zu Live-Konzerten und übte verbissen, auf zwei Fingern zu pfeifen, schaffte es trotzdem nicht und beneidete meine Freundin, die so laut pfeifen konnte, dass allen Umstehenden noch tagelang die Ohren klingelten. Dafür konnte ich kreischen wie kaum eine Zweite, und einmal (war es bei Ten Years After oder doch bei Santana?) gelang es mir fast, in Ohnmacht zu fallen. Ich stand tagelang für Karten an, reiste den von mir verehrten Bands hinterher und hörte mir Konzerte auch mehrmals an, wenn ich es mir leisten konnte. Ich war wirklich ein absolut qualifizierter, ernsthafter und leidenschaftlicher Fan, und eigentlich bin ich das auch heute noch. Leider aber bin ich nicht mehr zehn, sondern fünfzig, und in diesem Alter ist es mit dem Schwärmen für Stars wie mit bauchfreien T-Shirts: Man kann sich dafür entscheiden, aber es wirkt irgendwie peinlich.

Pfeifen, Kreischen, In-Ohnmacht-Fallen – all das sieht gut aus bei Mädels zwischen dreizehn und – wollen wir großzügig sein – dreiunddreißig. Danach wirkt es ein bisschen so, wie wenn Erwachsene mit kleinen Kindern spielen, sich dabei auf dem Boden rollen und Babysprache sprechen.

Fans ab einem gewissen Alter drücken ihre Verehrung für einen Künstler aus, indem sie absurde Preise für die Konzertkarte bezahlen. 100 Euro für Genesis, 150 für Police oder 350 für Barbra Streisand. Letztes Jahr war ich mit drei Freundinnen bei Robbie Williams. Die

Karten waren so schwer zu kriegen und kosteten so viel, dass wir mindestens das Recht erworben hätten, unsere Unterwäsche auf die Bühne zu werfen oder uns sonst irgendwie danebenzubenehmen. Pfeifen und Kreischen war auf jeden Fall okay. Von Ohnmachten während des Konzerts rät Robbie Williams seinen Fans ab: „Ihr glaubt, ihr kommt hinter die Bühne, und da bin ich. Aber ich muss euch enttäuschen: Da sind nur die Sanitäter!"

Eine meiner Freundinnen schlug vor, ein Schild mit dem Textklassiker „Robbie, ich will ein Kind von dir!" hochzuhalten. Ihre sechzehnjährige Tochter blickte sie mitleidig an und sagte: „Du meinst wohl: ‚Ich will ein Enkelkind von dir!'"

Wir sind dann lieber ohne Schild zum Konzert gegangen.

Kester Schlenz

Meine Erlebnisse im Schwimmbad

Eigentlich hasse ich Schwimmbäder. Wie das dort schon riecht; diese Mischung aus Chlor, Frittenduft und menschlichen Ausdünstungen. Alles ist nass und feucht und warm. Und dann dieser Lärm, diese entnervende Kakofonie aus Schreien, Prusten, Platschen und Gurgeln. Jugendliche machen Arschbomben. Es spritzt! Und überall um einen herum fleischige Menschen in zu knappen Badesachen. Man sieht mehr in Sachen Körper, als man möchte. Gute Güte, sind viele Deutsche tätowiert, und das oft auch noch schlecht.

Dennoch möchte ich in diesem Kapitel das Schwimmen lobpreisen und Ihnen sehr heftig ans Herz legen, denn es ist der perfekte Alter-Sack-Sport. Definitiv!

Man muss sich daran gewöhnen, also an die Umstände, unter denen man diesen sehr nützlichen und wirksamen Sport auszuüben hat. Denn wer von uns hat schon zu Hause einen Pool? Nein, man muss leider öffentliche Schwimmhallen, Erlebnis- oder Freibäder aufsuchen. Und obwohl ich dies alles abgrundtief hasse, bin ich für mich – und für Sie, der Sie womöglich noch nicht regelmäßig schwimmen –, bin ich dahin gegangen, wo es wehtut. Ich härtete mich ab – um schließlich wie ein etwas bräsiger Barsch in aller Ruhe beinahe profihaft meine Bahnen zu schwimmen. Und das kam so:

Bis ich 16 Jahre alt war, konnte ich nicht schwimmen. Dann lernte ich es leidlich in der Schule, blieb aber ein wasserscheuer Sack. Vor allem mochte ich es nicht, meine Birne unter Wasser zu halten. Dieses doofe Gefühl in der Nase, die gereizten Augen – nee, nix für mich. Dieser Zustand hielt bis zu meinem 52. Lebensjahr an. Wenn andere schwammen, planschte ich oder paddelte hundegleich zehn Meter, bis ich mich irgendwo erschöpft festklammerte. Meine Frau und meine Söhne – alles gute Schwimmer – verspotteten mich milde.

Ich, der respektierte Gatte und Vater, wurde in Schwimmbädern behandelt wie Opi in der Rehagruppe.

Das tat weh, aber die Wasserscheu war stärker. Dann kam ein Bandscheibenvorfall im Nacken, eine Operation, viel Krankengymnastik und die immer wiederkehrende Aufforderung, in Rücken- und Schulterbereich „Muskeln aufzubauen", am besten durch regelmäßiges Schwimmen. Ich erklärte allen Therapeuten, dass Schwimmen bei mir hektisches Zappeln mit überstrecktem Hals sei, um bloß nicht mit der Rübe unter Wasser zu geraten. Daraufhin riet mir natürlich jeder der orthopädisch Gebildeten vom Schwimmen ab. Das sei ja nun wirklich kontraproduktiv. Aber ich hatte es weiter im Nacken, war oft verspannt und steif, wo ich es nicht sein wollte. Muckibuden waren keine Alternative (siehe das entsprechende Kapitel über meine Odyssee in Sachen Krafttraining), und so haderte ich mit mir und dem fehlenden Muskelaufbau. Tja, und dann, als wieder einmal ein massiger Masseur schwärmte, wie verdammt klasse die Schwimmerei nacken- und rückentechnisch sei, und ich zu Hause davon erzählte, sagte meine Frau: „Verdammt, ich bring es dir bei, das richtige Schwimmen! Gleich heute." Und widerwillig, aber irgendwie tief drinnen doch motiviert, ging ich mit meiner Gattin Gesa in ein Freizeitbad. Ich traf all das an, was ich oben beschrieb. Hatte ich schon erwähnt, dass ich dieses ganze Aus- und Angezieche und die engen Garderobenschränke und die von anderen Gästen eingenässten Schlüsselbänder *auch* eklig finde? Egal. Gesa war eine perfekte Lehrerin. Wir ignorierten das Treiben um uns herum, suchten uns eine etwas ruhigere Ecke und begannen mit dem Unterricht: Schwimmbrille auf, Kopf unter Wasser, ausatmen, Kopf wieder hoch, einatmen – und vor allem ruhig bleiben und nicht zappeln wie ein Molch. Es hat etwas gedauert, aber nach ein paar Übungseinheiten schwamm ich – in meinen Augen – schon so stark wie einst Mark Spitz bei der Olympiade. Gesa meinte dazu nur, ich könne mich ja jetzt immerhin schon selbstständig über Wasser halten. Und das sei ein echter Fortschritt.

Kurz überlegten wir, ob ich mich einer Gruppe Vorschulkinder anschließen solle, die in der Nähe gerade für ihr „Seepferdchen" trainierten. Ich war echt scharf auf das Abzeichen, aber wir machten dann doch lieber allein weiter.

Und es funktionierte. Eisenhart ging ich jede Woche an zwei Tagen vor oder nach der Arbeit schwimmen, und nach zwei Monaten zog ich 20 Bahnen durch, als ob ich nie etwas anderes gemacht hätte.
Aus einem wasserscheuen Sack war ein veritabler Bahnenschwimmer geworden. Und ich will Ihnen, liebe Mitsäcke, dringend ans Herz legen, es mir nachzutun.

Mediziner, Physiotherapeuten, Psychotherapeuten – alle empfehlen Schwimmen.

Man fühlt sich wirklich besser, wird fitter und nicht fetter und kommt mit einem echt guten Gefühl nach Hause, wenn man eine halbe Stunde richtig krass durchs Becken gepflügt ist.

Allerdings – und hier schließe ich an meine obigen Ausführungen an – muss man halt einige Dinge um einen herum ausblenden. Aber – hey – irgendeinen Haken gibt's ja immer.

Also: Ignorieren Sie das gelegentliche Gedrängel und die Pimmelparaden in der Herrendusche. Das Gepruste und Gegrunze, wenn sich haarige, dicke Männer einschäumen und säubern. Halten Sie es einfach mannhaft aus, wenn das Wasser aus den Duschköpfen sandstrahlartig mit mörderischem Druck Ihren Rücken rötet. Und bleiben Sie cool, wenn Sie mit schrulligen Alten das Becken teilen. Ich tue das oft, weil sehr früh morgens die Hallenbäder den Rentnern gehören. Und das ist auch gut so. Die sind fit und lassen sich nicht unterkriegen. Aber einige von ihnen nerven schon. Da ist dieser alte Knacker mit der blöden Schwimmbrille, der wie ein welker Wels stoisch seine Bahnen zieht – egal, was um ihn herum passiert. Kreuzt man seine Bahn, weil man jemand anderem ausweichen muss, rammt der alte Knacker einen und pöbelt dann auch noch rum, das sei seine Bahn und so schwer sei das doch nicht zu kapieren. Ich schwimme deshalb immer ein-, zweimal extra in seine Bahn, um die zornesrote Birne des „Bahntorpedos" im grünlichen Wasser leuchten zu sehen.

Anstrengend können auch die „Badekappen-Schabracken" sein. So habe ich eine Gruppe agiler, älterer Damen getauft, deren Vorstellung vom Schwimmen so aussieht: Sie stehen in einem Kreis im Becken, unterhalten sich und bewegen dabei die Hände im Wasser. Manchmal gehen sie auch ein paar Schritte. Alle tragen gleißend hässliche Badekappen und gucken böse, wenn man zu nahe an sie heranschwimmt. Dabei blockieren sie das halbe Becken. Aber verdammt, ich rede ja schon wie der Bahntorpedo. Eigentlich ist es ja klasse – statt zu Hause allein zu hocken, stehen die rüstigen Rentnerinnen zusammen im warmen Wasser, unterhalten sich und haben ganz offensichtlich Spaß. Schwimm ich halt in Zukunft um die Damen herum. Vielleicht lächele ich sie ja sogar mal an. Oder – besser noch – ich stell mich dazu und mach beim Wasser-Wedeln mit. Das wird 'ne Sause!

Gitta Edelmann

Kreuzfahrt mit Leiche

Mein Handy klingelt. Die Nummer, die es anzeigt, lässt mich lächeln. Paulina. Meine Enkelin.

„Liebelein, wie schön, dass du anrufst", posaune ich ins Telefon.

Doch am anderen Ende höre ich nur herzerweichendes Schluchzen, unterbrochen von gelegentlichen Worten wie „Mama", „ganz furchtbar" und „krank".

Mein Herz klopft viel zu schnell und eine heiße Welle erfasst mich; meine Ärztin würde die Brauen heben und fragen: „Haben Sie Stress? Sie sollten sich doch endlich mal entspannen – schließlich sind Sie nun im Ruhestand."

Natürlich habe ich Stress! Meine Tochter ist krank! Und angesichts von Paulinas Verzweiflung spuken mir sofort die schrecklichsten Krankheitsnamen durch die Gehirnwindungen.

Nach einigen Anläufen in großmütterlich-ernstem Tonfall gelingt es mir jedoch, Paulina so weit zu beruhigen, dass sie zusammenhängende Sätze von sich gibt. Schnell stellt sich heraus, dass ihre Mutter mit Fieber und einem grippalen Infekt im Bett liegt. Natürlich ist das nicht schön, aber ich bin doch ziemlich erleichtert.

„Dann soll sie das mal in Ruhe auskurieren!"

„Du verstehst nicht, Oma! Meine Krimikreuzfahrt! Die startet am Samstag!"

Stimmt. Paulina hat zu ihrem achtzehnten Geburtstag von ihren Eltern eine einwöchige Reise auf dem Nordatlantik mit Besuch der Färöer-Inseln und Islands und einem Krimi-Programm an Bord bekommen, und ihre Mutter wollte sie begleiten.

„Ach je! Und jetzt? Du fährst ja sicher trotzdem, bist ja groß genug. Nimmst du jemand anderen mit? Eine Freundin?"

„Genau deshalb ruf ich an, Oma! Kannst du nicht für Mama einspringen? Das wäre so cool! Und du magst doch Krimis."

Einen Moment lang fühle ich mich geschmeichelt, dann aber siegt die Vernunft. „Tut mir leid, Liebelein, ich hab keine Zeit, ich will ab morgen meine Wohnung renovieren und umräumen, und am Samstag ist ein Konzert, zu dem..."

„Hast du schon Karten?", unterbricht Paulina.

„Nein, aber..."

„Gut, und deine Wohnung läuft nicht weg. Du bist jetzt in Rente, Oma, und hast du nicht behauptet, du wolltest endlich mal entspannen? Also – bitte, bitte!"

Ja, ich weiß, das mit dem Entspannen steht eigentlich auch mit auf meinem vollen Programmzettel. Aber ehrlich gesagt, klingt eine Schiffsreise in den Norden um diese Jahreszeit nicht nach Seelebaumelnlassen. Leute, es ist Ende Oktober! Gibt es da überhaupt Tageslicht? Und Kreuzfahrt – also, ich halte ja nichts von diesen nutzlosen Riesen, die in irgendwelchen Häfen Touristenmassen ausspucken und sie ein paar Stunden später wieder einsammeln.

Und was ist mit Seekrankheit?

„Cool, danke, Oma!", zwitschert Paulina, bevor ich etwas sagen kann. „Wir treffen uns am Freitagabend in Hamburg, ich schick dir noch 'ne Nachricht, wie das Hotel heißt, ist ganz nah am Hauptbahnhof, wo morgens der Zubringerbus zum Schiff abfährt. Pack warme Sachen ein! Ach, ich freu mich ja so. Das wird sicher cool mit dir!"

Paulinas Vorfreude nimmt mir die letzte Möglichkeit, Nein zu sagen. Mit einem ergebenen: „Okay, bis dann!" lege ich auf.

Ich hatte mir immer vorgenommen, meinen Ruhestand mit einer Reise zu beginnen. Nach Südspanien vielleicht – ich war Ewigkeiten nicht mehr in Granada. Kultur tanken, gut essen. Aber in den letzten Monaten war im Büro so viel zu tun, dass ich nicht dazu kam, etwas zu buchen. Und irgendwie hatte ich nach meiner Verabschiedung noch gar keine Zeit, mich darum zu kümmern. Sollte ich also nicht eigentlich dankbar sein, dass mir eine Reise vor die Füße fällt? Auch wenn das alles ein bisschen hektisch ist, denn heute ist bereits Donnerstag.

Zum Glück klappt die Anreise schon mal. Mein Zug nach Hamburg hat weniger als eine Stunde Verspätung, das Hotel ist einfach, aber sauber, und Paulinas strahlende Augen sind den ganzen Aufwand wert. Wir gehen früh ins Bett, versenken uns zur Einstimmung jeweils in einen skandinavischen Krimi und steigen am folgenden Morgen in den Bus, der uns in den Norden Dänemarks und direkt zum Schiff im Hafen von Hirtshals bringt.

Die Nordic ist kein Kreuzfahrtschiff, sondern die ganz normale Transportfähre nach Island, stelle ich erfreut fest. Sie ist dennoch ziemlich viele Stockwerke hoch, und ich hoffe auf einen Fahrstuhl, denn mein Koffer ist schwer. Aber wenn ich so an dem Schiff hinaufschaue und die Stimmung der Mitreisenden um mich herum aufnehme, muss ich zugeben, dass auch in mir so etwas wie Vorfreude zu simmern beginnt.

„Komm, Oma!", ruft Paulina. „Oder soll ich dich hier lieber Barbara nennen?" Sie grinst und leitet mich in einen Wartesaal für die Gäste der Krimikreuzfahrt, wo es zur Begrüßung und Stärkung zuerst einmal einen isländischen Schnaps gibt. Den kann ich gebrauchen!

Eine Stunde später haben Paulina und ich unsere kleine Außenkabine erobert und erkunden das Schiff. Das ist nicht ganz einfach, weil die Gänge zu den Kabinen alle gleich aussehen, aber wir finden sowohl die Rezeption als auch den Ausgang aufs Deck.

Der dänische Hafen wird hinter uns immer kleiner. Die Sonne scheint, es schaukelt nur wenig. Ich kann meine Reisetabletten im Koffer lassen.

„Und was machen wir jetzt?", frage ich Paulina nach einer Weile. „Sollen wir uns Internet holen, damit wir deinen Eltern und Freundinnen zwischendurch Nachrichten schicken können?"

Paulina schüttelt den Kopf. „Oma! Detox! Mal 'ne Woche, ohne dauernd am Handy zu hängen! Oder bist du abhängig?"

„Natürlich nicht", behaupte ich. Aber ich muss gestehen, dass mir der Gedanke, auf den üblichen Kontakt mit der Außenwelt zu verzichten, nicht ganz so angenehm ist, wie ich immer tue.

Der Rest des Tages vergeht zum Glück recht schnell mit dem Kennenlern-Treffen des Veranstalters Daniel Meyer, der stilecht im Island-Pullover auftritt, ihn dann aber kurz darauf auszieht. Kalt ist es nämlich hier drin nicht, und so ein Island-Pulli wärmt enorm. Daniels Krimi-Crew aus Autorinnen, Autoren und Kriminalisten stellt er uns locker plaudernd im T-Shirt vor, über dem ein Lederband mit einem silbernen Fisch baumelt. Das Programm klingt interessant, ich bin gespannt.

Nach diesem ersten Punkt erobern wir das fantastische Abendessensbüfett. Allein schon die Auswahl an verschieden eingelegten Heringen lässt meine Augen leuchten.

Paulina und ich teilen uns den Tisch mit einem Mittfünfziger namens Frank, der bereits zum dritten Mal mitfährt und von der Schönheit der Färöer schwärmt, und Lea, Daniels Assistentin, die nicht viel älter ist als Paulina. Die beiden jungen Frauen verstehen sich auf Anhieb und verabreden sich, nach der Abend-Lesung in der Top-Bar auf Deck zehn noch einen Cocktail zu trinken. Ich sehe schon, um Paulina muss ich mich nicht länger kümmern.

Hm. Aber was mache ich dann hier? Wie fülle ich die ausgedehnten Pausen zwischen den Lesungen und Vorträgen und Landausflügen? Morgen sind wir den ganzen Tag auf See. Mir entfährt ein Seufzer. Zu Hause hätte ich in der Zeit schön das alte Arbeitszimmer ausräumen können …

Nach dem Frühstück am nächsten Tag kaufe ich mir im Shop an Bord kurzerhand ein paar Knäuel Wolle und Stricknadeln. Gestrickt habe ich seit mindestens dreißig Jahren nicht mehr, aber so was verlernt man nicht. Ich ergattere eine der Chaiselongues in der Top-Bar, hole mir einen Kaffee, setze mich bequem auf das Sitzmöbel und beginne, die Maschen anzuschlagen. Mein Blick gleitet jedoch immer wieder durch die Panoramafenster aufs Meer.

Es ist grau, ebenso wie der größte Teil des Himmels, obwohl dort auch einzelne blaue Flecken zu entdecken sind, die sich bewegen, größer werden, dann wieder kleiner, verschwinden, neu entstehen. Und es ist leer. Kein Schiff in Sicht, nichts, was den Blick zum Horizont ablenkt.

Bewegtes Grau.

Schimmernde Schattierungen.

Nein, langweilig ist das nicht.

Immer wieder lasse ich mein Strickzeug sinken und schaue hinaus. Der Himmel wird blauer, und schließlich halte ich es nicht mehr aus. Zum Glück habe ich meine Jacke dabei, und im Nu stehe ich draußen im salzigen Wind an der Reling und atme tief ein und aus. Wie klein und unwichtig wir auf diesem riesigen Ozean sind! Ein winziger Teil der Schöpfung, den Elementen hilflos ausgeliefert. Einsamkeit berührt mich mit behutsamen Fingern, streichelt, liebkost, tröstet. Es ist eine gute Form der Einsamkeit, ein Mit-mir-selbst-Alleinsein. Zum ersten Mal seit sehr, sehr langer Zeit bin ich ganz in der Gegenwart und ganz bei mir.

Ich spaziere übers Deck, schaue vom Heck aus auf die breite Spur, die die Nordic im Atlantikwasser hinterlässt, und wenig später vom Bug aus nach vorn. Kein Land in Sicht. Tórshavn werden wir erst morgen erreichen.

Gut so.

„Hier bist du!" Pauline reißt mich aus meinen Träumen, in alter Zeit eine Wikingerin auf Abenteuerfahrt gewesen zu sein. „Das Restaurant macht gleich auf."

Das ist ein Argument!

Wie schnell der Tag vergangen ist, eigentlich habe ich doch gar nichts gemacht! Dennoch bin ich sehr müde und nicke fast bei der Lesung ein, obwohl die Autorin spannende Stellen aus ihrem neuesten Roman liest.

„Kommst du mit in die Top-Bar?", fragt Paulina. „Es gibt dort Live-Musik."

„Nein, Liebelein, für alte Frauen ist es Zeit, ins Bett zu gehen."

„Oma! Du bist erst 66. Und da fängt das Leben an!"

Ich pruste los. Woher kennt Paulina diesen alten Schlagertitel?

Kopfschüttelnd mache ich mich auf in unsere Kabine. Ich nehme allerdings das falsche Treppenhaus und stelle plötzlich fest, dass ich mich verlaufen habe. Aber wenn ich jetzt dort links den Gang entlanggehe, müsste der Weg stimmen, schließlich wohnen wir ziemlich weit vorne auf der Backbordseite.

Das Schiff schwankt ein wenig mehr als zuvor, doch ich finde das erstaunlich angenehm. Gleich werde ich in meinem Alter tatsächlich noch mal in den Schlaf geschaukelt!

Der Korridor ist leer, ich gehe langsam vorbei an den verschiedenen Fischzeichnungen, die die Kabinentüren zieren. Eine Tür steht ein Stück offen, neugierig werfe ich einen Blick hinein, vielleicht ist das ja eine der Suiten – ich würde zu gerne wissen, wie die aussehen.

Auf dem blauen Teppichboden liegt eine junge Frau mit langen blonden Haaren. Ihr Körper ist verdreht, ihre weiße Bluse weist hässliche rote Flecken auf.

Das ist doch Lea!

Und sie sieht tot aus!

Mein Herz rast.

Neben ihr stehen zwei Männer. Einer davon ist unser Krimikreuzfahrtchef Daniel. Er umklammert ein Messer und schaut mit gerunzelter Stirn auf seine Assistentin, äh… ehemalige Assistentin hinunter. Den anderen Mann erkenne ich ebenfalls: Das ist Kriminalrat a.D. Lukas, der morgen den Vortrag zur Tatortsicherung halten soll.

„So sieht man sofort, dass du das warst", sagt er zu Daniel. „Da müssen wir was ändern."

Ich presse den Mund zu, um keinen Laut entweichen zu lassen. Doch auf einmal blicken beide Männer auf und sehen mich.

„Verdammt!", flucht Daniel. „Warum hast du die Tür nicht richtig zugemacht?"

Ehe ich mich umdrehen und fliehen kann, packen er und der alte Kriminalrat mich an den Armen, ziehen mich in die Kabine und sperren die Tür zu. Ich bin so geschockt, dass ich nicht einmal schreien kann.

„Setz dich doch!", sagt Daniel höflich und weist auf das gemachte Bett. Ich verzichte darauf zu erwähnen, dass wir nicht per Du sind.

Der Kriminalrat steht immer noch an der Tür – fliehen kann ich nicht. Jetzt muss ich Geistesgegenwart beweisen und harmlos tun.

„Ich habe nichts gesehen", versuche ich, glaubhaft zu versichern, und schaue absichtlich nicht auf Leas Leiche. Meinen Herzschlag spüre ich bis in den Hals.

Daniel runzelt die Stirn noch stärker als eben. „Quatsch, natürlich hast du das hier gesehen. Die Frage ist – wirst du darüber sprechen?"

Ich schüttle heftig den Kopf.

„Das würde ich auch nicht raten", sagt der Kriminalrat mit drohendem Unterton in der Stimme. Er scheint genauso viel Dreck am Stecken zu haben wie Daniel, was bei einem Polizisten ein wenig schockierend ist. Obwohl ich kürzlich eine Krimiserie gesehen habe, wo…

„Schau sie dir genau an!", sagt Daniel jetzt. „Was fällt dir auf?"

Ich schlucke. Was machen sie wohl mit mir, wenn ich nicht gehorche? Frau über Bord?

„Na los, wir haben nicht ewig Zeit! Ich will den färingischen Musiker noch hören."

Langsam senke ich den Blick. Leas Kopf ist zur Seite gedreht, das lange Haar bedeckt den größten Teil des Gesichts. Ihre weiße Bluse ist über der rechten Brust zerrissen, unterhalb der linken ist ein großer Blutfleck, der meine Augen festhält.

„Es gab einen Streit mit Handgreiflichkeit, und sie wurde dabei erstochen", flüstere ich.

„Und?"

„Die Hand." Ich deute auf Leas Faust, aus der etwas heraushängt. „Sie hält was."

Ich kann auch erkennen, was es ist. Daniels Lederband mit dem silbernen Fischanhänger. Allerdings kann sie es ihm nicht vom Hals gerissen haben, denn der Knoten ist fest. Hat er es ihr gegeben? Irgendwas stimmt hier nicht. Ich schaue noch einmal auf Leas Brust. Die hebt sich plötzlich. Lea atmet! Sie lebt!

Ich sinke neben ihr auf die Knie, bereit, den Lebensfunken um jeden Preis zu unterstützen, als sie herzhaft niest.

„Sorry, Leute, meine Allergie. Am Freitag nehm ich vorher was dagegen, dann passiert das nicht", sagt sie und setzt sich auf.

Ich muss aussehen wie die Kuh beim Anblick des ersten Autos.

Lea kichert. „Und was meinst du", fragt sie mich, „bin ich eine glaubwürdige Leiche? Und sieht die Messerattrappe echt genug aus?"

„Äh, ja, also, warum…"

„Wir stellen am letzten Abend einen Live-Tatort für die Krimikreuzfahrtleute. Dann können die ein bisschen Spurensicherung betreiben und versuchen, einen

Tathergang zu rekonstruieren."

„Und das war jetzt die Probe?", hauche ich.

„Ja. Du darfst aber nichts verraten, Barbara. Auch nicht Paulina!"

„Ich habe nichts gesehen", behaupte ich erneut und erhebe mich ein wenig mühsam, während Lea leichtfüßig aufspringt.

„Gut, dann zieh ich mich schnell um. „Hier, Daniel." Sie reicht ihm das Lederband mit dem Fisch.

„Da darf der Knoten aber nicht so bleiben", werfe ich ein. „Man sieht ja sofort, dass das Band nicht im Kampf abgerissen wurde. Vielleicht wäre es auch besser, wenn Lea nur den Fisch in der Hand hält, ohne Lederband, dann entdeckt man das nicht so schnell."

„Gute Idee", lobt der Kriminalrat und öffnet die Tür. „Darauf geb ich einen Drink aus."

Ich folge den Herren in die Top-Bar. Da Happy Hour ist, gibt es zwei Gins Tonic – oder heißt es Gin Tonics? – für den Preis von einem. Das passt mir gerade gut.

„Also nichts gegen Lea als Leiche", sage ich leise und diskret. „Aber ist eine junge, blonde, langhaarige Tote nicht ein wenig klischeehaft?"

Daniel lacht. „Wenn du nächstes Jahr wieder mitfährst, kannst du ja die Rolle übernehmen."

„Abgemacht!"

Wir lachen und prosten uns zu. Es wird ein amüsanter Abend.

Als die Nordic Paulina und mich irgendwann tatsächlich sanft in den Schlaf schaukelt, weiß ich endlich wieder, was es heißt, entspannt zu sein. Und dabei ist heute erst der zweite Tag der Reise! Ich werde morgen die steilen, grünen Färöer-Inseln sehen und übermorgen in einen isländischen Fjord einlaufen, vielleicht gibt es irgendwann sogar Nordlichter oder Wale zu sichten.

Auf jeden Fall ist da draußen das Meer. Dieser wundergraue herbstliche Nordatlantik, der hinter dem Fenster unserer Kabine zu erahnen ist und dem ich heute mein Herz geschenkt habe.

Ich weiß schon jetzt, dass ich im nächsten Jahr wieder dabei sein werde. Gerne als Leiche.

„Also, wenn du dann Zeit hast und nichts anderes machen musst ...?", hat Daniel mir vorhin noch einmal zugeraunt.

„Klar hab ich Zeit!", war meine prompte Antwort. „Ich bin in Rente. Ich muss gar nichts!"

Quellen

Sabine Bode, Mach mal langsam. Tiefenentspannung für Teilzeitneurotiker,
aus: Sabine Bode, Älterwerden ist voll sexy, man stöhnt mehr.
Das ultimative Lesekonfetti für Postjugendliche ab 50.
© 2019 Wilhelm Goldmann Verlag, München, in der Penguin Random
House Verlagsgruppe GmbH.

Peter Butschkow, Abschied,
aus: Peter Butschkow, Kai Flemming, Miriam Wurster: Nichts für
schwache Nerven – Ruhestand!
© Lappan Verlag in der Carlsen Verlag GmbH, Hamburg 2022.

Gitta Edelmann, Kreuzfahrt mit Leiche © bei der Autorin.

Horst Evers, Großer Bahnhof,
aus: Horst Evers, Für Eile fehlt mir die Zeit.
© 2011, Rowohlt · Berlin Verlag GmbH, Berlin.

Amelie Fried, Pfeifen, Kreischen, In-Ohnmacht-Fallen,
aus: Amelie Fried, Wildes Leben. Späte Einsichten und verblüffende Aussichten.
© 2011 Wilhelm Heyne Verlag, München, in der Penguin Random
House Verlagsgruppe GmbH.

Peter Gitzinger, Wie werde ich ein moderner aktiver Ruheständler?,
aus: Peter Gitzinger, Linus Höke, Roger Schmelzer: Männer im Ruhestand! Eine Spaßhilfe.
© Lappan Verlag in der Carlsen Verlag GmbH, Hamburg 2018.

Hagen Haas, Nur keine Langeweile! © beim Autor.